AUFGABENTRAINER ZUM SELBSTLERNEN

Natur und Technik

PHYSIK

REALSCHULE BAYERN

8 I Mechanik und Energie
Wärmelehre · Elektrizitätslehre
Astronomie · Akustik

Cornelsen

NATUR UND TECHNIK
PHYSIK 8 I AUFGABENTRAINER

ISBN 978-3-06-014673-4 (Schülerbuch)

ISBN 978-3-06-013790-9 (E-Book)

ISBN 978-3-06-014677-2 (Handreichungen für den Unterricht)

ISBN 978-3-06-014718-2 (Unterrichtsmanager Plus auf USB-Stick)

ISBN 978-3-06-015416-6 (Unterrichtsmanager Plus online)

Autor: Sven Ungelenk

Redaktion: Stephan Möhrle, Heidi Witte-Gaedecke

Grafik: Rainer Götze, Berlin

Umschlaggestaltung: SOFAROBOTNIK GbR, Augsburg & München

(Titelbild o.: imago stock&people/blickwinkel | Titelbild u.: stock.adobe.com/manfredxy | Vogel: sofarobotnik, Augsburg)

Umsetzung: MatMil & Kollegen Buch- und Medienherstellung GbR, Berlin

www.cornelsen.de

Dieses Werk enthält Vorschläge und Anleitungen für Untersuchungen und Experimente.
Vor jedem Experiment sind mögliche Gefahrenquellen zu besprechen. Beim Experimentieren sind
die Richtlinien zur Sicherheit im naturwissenschaftlichen Unterricht einzuhalten.

1. Auflage, 1. Druck 2020

Alle Drucke dieser Auflage sind inhaltlich unverändert und können im Unterricht nebeneinander
verwendet werden.

© 2020 Cornelsen Verlag GmbH, Berlin

Das Werk und seine Teile sind urheberrechtlich geschützt. Das Gleiche gilt für das Programm sowie das
Begleitmaterial.
Jede Nutzung in anderen als den gesetzlich zugelassenen Fällen bedarf der vorherigen schriftlichen
Einwilligung des Verlages.
Hinweis zu §§ 60 a, 60 b UrhG: Weder das Werk noch seine Teile dürfen ohne eine solche Einwilligung an
Schulen oder in Unterrichts- und Lehrmedien (§ 60 b Abs. 3 UrhG) vervielfältigt, insbesondere kopiert oder
eingescannt, verbreitet oder in ein Netzwerk eingestellt oder sonst öffentlich zugänglich gemacht oder
wiedergegeben werden. Dies gilt auch für Intranets von Schulen und sonstigen Bildungseinrichtungen.

Druck: Athesiadruck GmbH

ISBN 978-3-06-014948-3 (Aufgabentrainer zum Selbstlernen)

Inhalt

	Erste Seite im Schülerbuch	Erste Seite im Aufgabentrainer	
		Aufgaben	Lösungen
MECHANIK UND ENERGIE	**10**		
Kraftwandler	12	5	11
Energie	26	19	21
Arbeit, Leistung und Wirkungsgrad	38	25	29
Mechanik – Silbenrätsel		37	38
WÄRMELEHRE	**60**		
Innere Energie	62	39	45
Thermischer Energietransport	86	53	57
ELEKTRIZITÄTSLEHRE	**108**		
Elektrostatik	110	61	67
Elektrischer Strom	128	73	77
ASTRONOMIE Wahlthema	**150**	81	83
AKUSTIK Wahlthema	**178**	87	89

Natur und Technik
Physik Realschule 8I
Bayern

Kraftwandler

S. 12–25 SB

Kraftwandler: Schiefe Ebene

1. Anstatt einen Gegenstand senkrecht auf eine bestimmte Höhe zu heben, kann man ihn auch über eine schiefe Ebene noch oben ziehen.
   a. Erkläre, welchen Vorteil die schiefe Ebene in diesem Beispiel bringt und mit welchem Nachteil das verbunden ist.
   b. Nenne die Bestimmungsstücke der aufzuwendenden Kraft, die durch die schiefe Ebene geändert werden.
   c. Nenne Anwendungsbeispiele für eine schiefe Ebene.

2. Ein Wagen rollt auf einer schiefen Ebene nach unten. Dabei wirkt neben der Gewichtskraft $\vec{F}_G$ eine Hangabtriebskraft $\vec{F}_{Hangabtrieb}$ auf ihn.
   a. Bestimme anhand der Zeichnung die Beträge der Gewichtskraft und der Hangabtriebskraft. Gib an, wie groß die Masse des Wagens ungefähr ist.
   b. Gib an, wie sich der Betrag der Hangabtriebskraft ändert, wenn der Neigungswinkel α der schiefen Ebene größer wird.

Maßstab:
1,0 cm ≙ 2,0 N

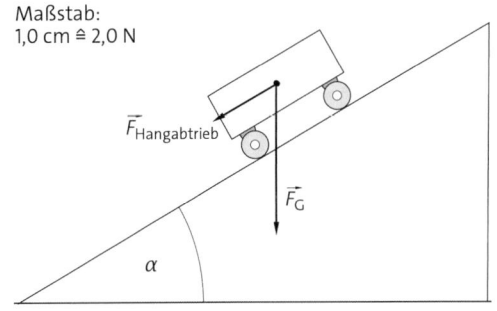

   c. Kann der Betrag der Hangabtriebskraft größer als der Betrag der Gewichtskraft werden? Begründe mit der Goldenen Regel.

3. Begründe folgende Aussage physikalisch: Wenn man mit dem Fahrrad steil bergauf fährt, kann man durch „Schlangenlinienfahren" Kraft sparen.

4. Ein Karton liegt auf einer schiefen Ebene und befindet sich in Ruhe. Gib die richtige(n) Aussage(n) an.
   A. Der Karton befindet sich in Ruhe, also wirken keine Kräfte auf ihn.
   B. Die Reibungskraft und die Hangabtriebskraft befinden sich im Gleichgewicht.
   C. Die Reibungskraft ist größer als die Hangabtriebskraft.
   D. Erst wenn die Hangabtriebskraft größer als die Reibungskraft ist, beginnt der Karton zu rutschen.
   E. Es wirken keine Reibungskräfte, da sich der Körper nicht bewegt.

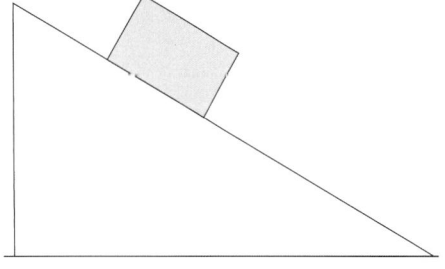

Kraftwandler: Flaschenzug (Wahlthema)

5. Gib für die folgenden Kraftwandler an, welche Bestimmungsstücke einer Kraft (Betrag, Richtung, Angriffspunkt) jeweils verändert werden:
   A. Seil
   B. feste Rolle mit Seil
   C. Flaschenzug

6 Bestimme jeweils den Betrag der Zugkraft. Die Masse der Rollen soll dabei vernachlässigt werden.

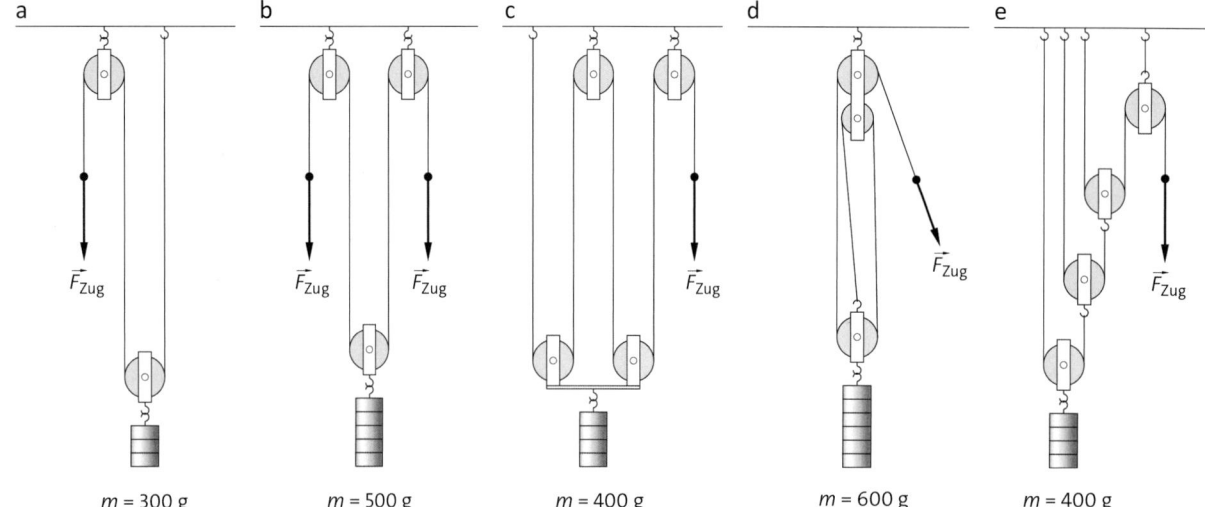

a   m = 300 g
b   m = 500 g
c   m = 400 g
d   m = 600 g
e   m = 400 g

7 Die nebenstehende Skizze zeigt einen Deckenlifter für Fahrräder. Berechne die Kraft, die notwendig ist, um damit ein Fahrrad mit einer Masse von 12,4 kg nach oben zu ziehen.

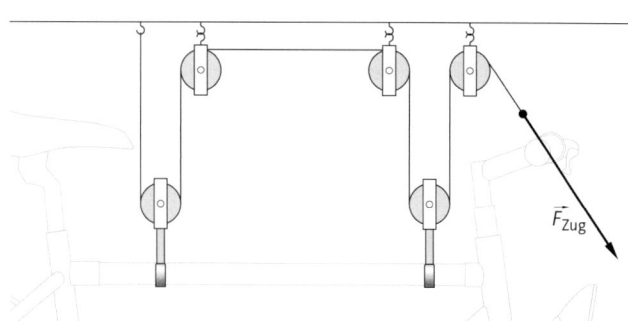

8 In den folgenden Abbildungen siehst du drei verschiedene Vorrichtungen, mit deren Hilfe man ein Boot aus dem Wasser ziehen kann. Vergleiche jeweils die Zugkraft F_{Zug} der Seilwinde mit der Kraft F_B, die auf das Boot wirkt.
(Schreibweise: $F_{Zug} = \frac{1}{n} \cdot F_B$)

a

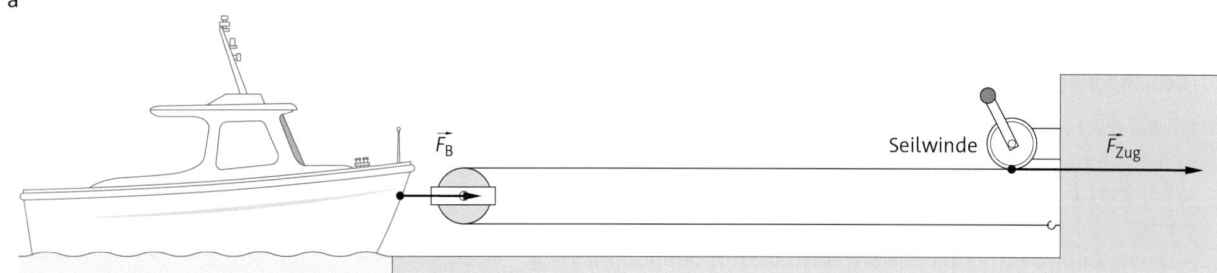

b

c

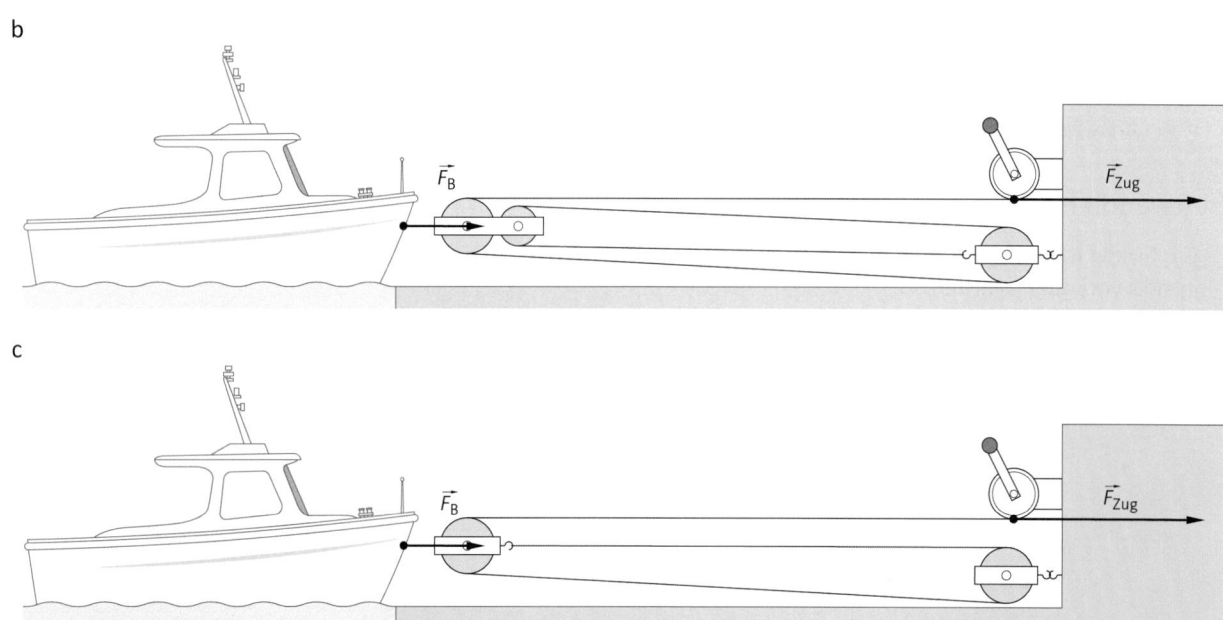

9 Das Bild zeigt einen Flaschenzug auf einem kleinen Segelboot. Er dient der Regulierung und Ausrichtung des Segels. Gib die Anzahl der tragenden Seile und das Verhältnis der Kraftübersetzung an.

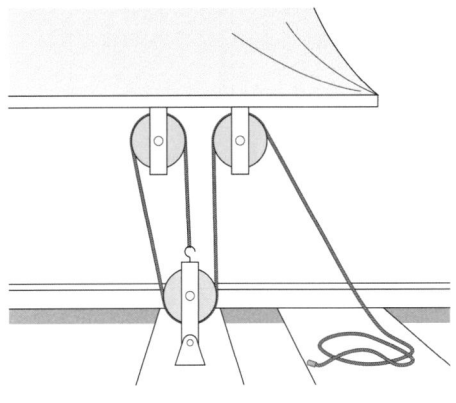

10 In der Bergrettung werden häufig sogenannte Schweizer Flaschenzüge verwendet. Die folgenden Abbildungen zeigen das Modell einer einfachen Version und einer aufwendigeren Version. Dabei wurden die Karabiner durch Rollen ersetzt. Bestimme die Kraftübersetzung (Zugkraft F_{Zug} : Last F_{Last}).

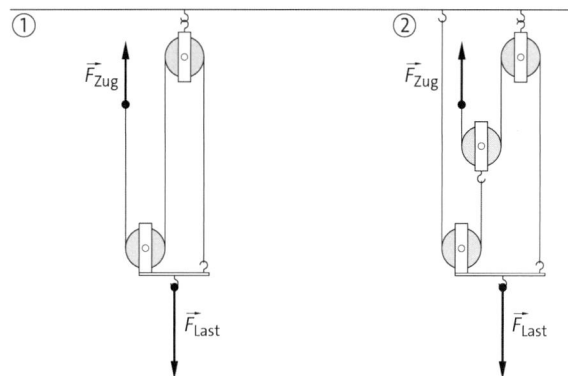

Kraftwandler: Hebel (Wahlthema)

11 Ergänze in der folgenden Tabelle die fehlenden Größen, sodass sich der Hebel im Gleichgewicht befindet:

F_1 in N	a_1 in cm	F_2 in N	a_2 in cm
0,50	40	2,0	?
10	?	2,0	25
20	30	?	10
?	50	10	5

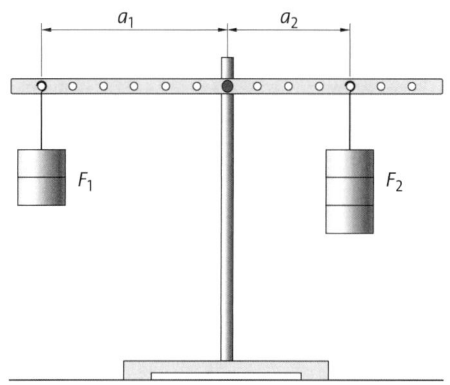

12 In einem Versuch entsprechend nebenstehender Abbildung wurde an einem zweiseitigen Hebel die Kraft F_2 in Abhängigkeit von der Länge des Hebelarms a_2 gemessen. Dabei ergaben sich folgende Messwerte:

a_2 in cm	2,0	4,0	6,0	8,0	10	12
F_2 in N	6,0	3,0	2,0	1,5	1,2	1,0

a Stelle die Kraft F_2 in Abhängigkeit von der Länge des Hebelarms a_2 grafisch dar.
b Gib den Zusammenhang zwischen F_2 und a_2 an, wenn man F_1 und a_1 nicht verändert. Überprüfe diesen Zusammenhang rechnerisch.

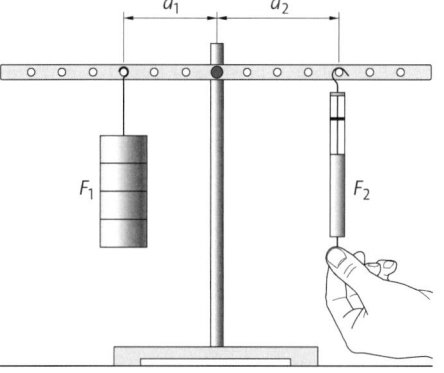

13 An dem zweiseitigen Hebel in der nebenstehenden Skizze greifen mehrere Kräfte an. Berechne den Betrag der Kraft $\vec{F_2}$, sodass der Hebel im Gleichgewicht ist.

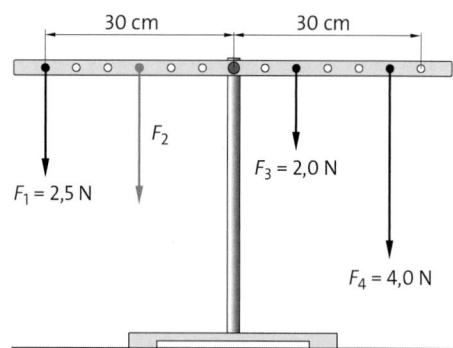

14 Der einseitige Hebel in der nebenstehenden Skizze befindet sich im Gleichgewicht. Berechne den Betrag der Kraft $\vec{F_3}$.

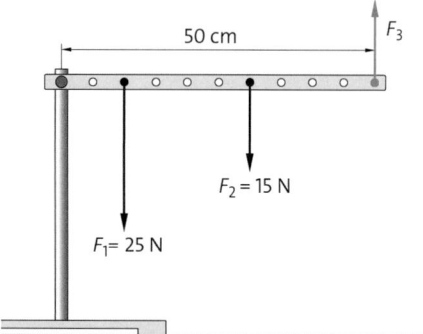

15 Ein einfacher Nussknacker ist ein einseitiger Hebel. Berechne für den Nussknacker in der nebenstehenden Skizze die Kraft F_2, die auf die Walnuss wirkt, für folgende Werte:
$F_1 = 50$ N; $a_1 = 17$ cm; $a_2 = 4{,}5$ cm.

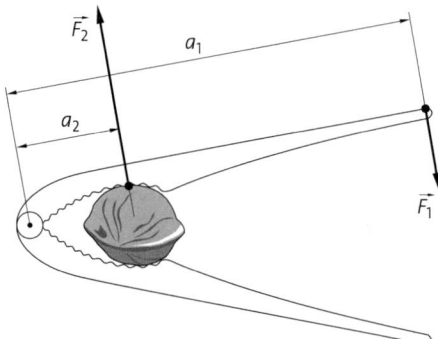

16 Der menschliche Unterarm wirkt beim Heben von Gegenständen wie ein einseitiger Hebel. Der Bizeps zieht den Unterarm nach oben. Dabei ist das Ellenbogengelenk der Drehpunkt (siehe Skizze).
Berechne die Kraft, die der Bizeps ausüben muss, wenn auf die Hand eine Kraft $F_2 = 75$ N wirkt. Die Längen der Hebelarme betragen $a_1 = 4{,}5$ cm und $a_2 = 36$ cm.

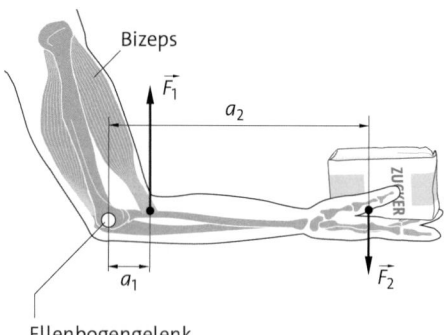

17 Sich die Finger in einer Tür einzuklemmen kann sehr schmerzhaft sein. Dabei wirkt die Tür wie ein einseitiger Hebel (siehe Skizze). Bestimme für $a_1 = 80$ cm und $a_2 = 2{,}5$ cm, welches Vielfache der an der Türklinke angreifenden Kraft am Türrahmen wirkt.

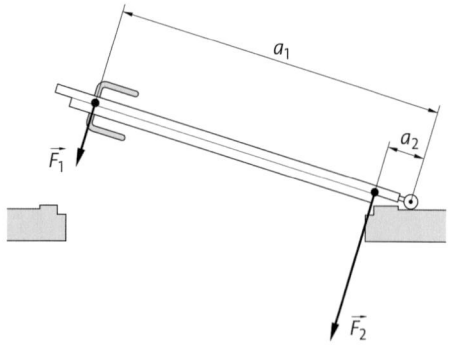

Kraftwandler — Mechanik und Energie — S. 12–25 SB

18 In den folgenden Abbildungen sind einige Anwendungen zum Hebel dargestellt.
a Gib jeweils an, ob es sich um einen einseitigen oder zweiseitigen Hebel handelt. Zeichne jeweils den Drehpunkt D, die Hebelarme a_1 und a_2 sowie die wirkenden Kräfte F_1 und F_2 ein.

A Schere   B Aktenlocher   C Rollkoffer

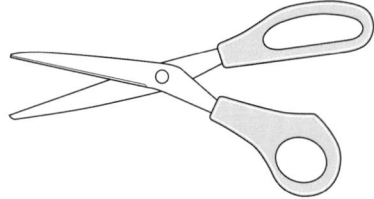
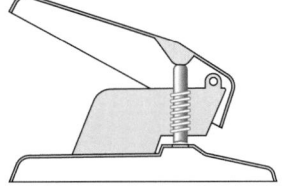
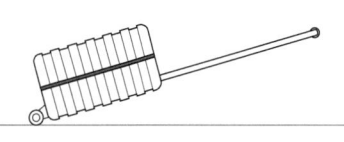

b Beantworte die folgenden Fragen und begründe jeweils physikalisch:
A Warum kann man dicke Pappe besser schneiden, wenn man eine Schere möglichst weit öffnet?
B Wo muss man am Aktenlocher auf den Hebel drücken, um eine möglichst große Kraft zu erzeugen?
C Welchen Einfluss hat am Rollkoffer die Länge des ausziehbaren Haltegriffs auf die Haltekraft?

19 Ein Wellrad ist ein Kraftwandler, der aus einer Welle und einem darauf befestigten Rad besteht. In der nebenstehenden Skizze sind die Vorderansicht und die Seitenansicht eines Wellrads dargestellt.
a Berechne die Kraft F_1 für F_2 = 150 N, r_2 = 30 cm und r_1 = 5,0 cm.
b Wo werden Wellräder im Alltag genutzt? Nenne ein Beispiel.

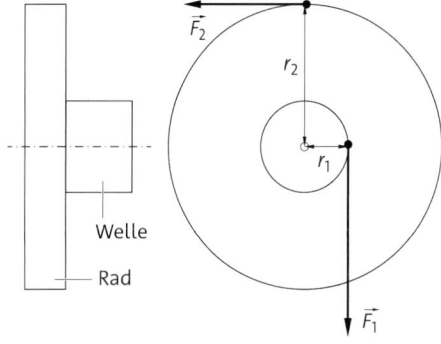

20 Die Skizze zeigt die Kraftübertragung am Fahrrad vom Pedal auf die Straße. Wenn die Tretkurbel waagerecht steht, gilt sowohl an Pedal und Kettenblatt als auch an Ritzel und Hinterrad das Hebelgesetz.

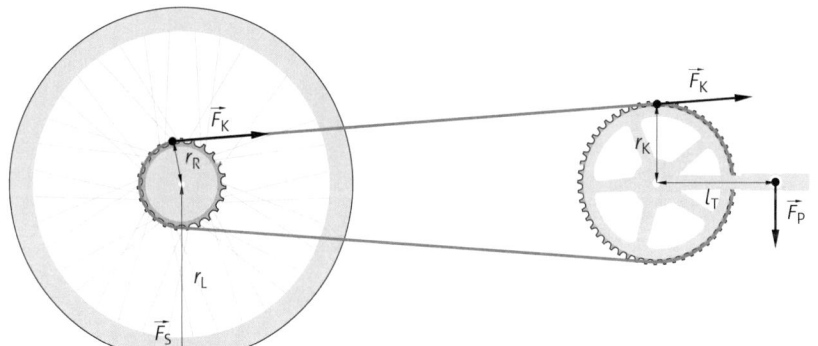

$\vec{F}_P$ = Kraft auf das Pedal
$\vec{F}_K$ = Kraft auf die Kette
l_T = Länge der Tretkurbel
r_K = Radius des Kettenblatts
$\vec{F}_S$ = Kraft auf die Straße
r_L = Radius des Laufrads
r_R = Radius des Ritzels

Berechne für F_P = 350 N, l_T = 17,5 cm und r_L = 34 cm jeweils die Antriebskraft F_S auf die Straße.
a Schnellgang: r_K = 7,3 cm; r_R = 2,0 cm
b Berggang: r_K = 5,3 cm; r_R = 9,1 cm

21 Die nebenstehende Skizze zeigt den Bremshebel einer mechanischen Fahrradbremse. Die Handkraft $\vec{F}_H$ des Fahrers wird über den Bremshebel auf den Bremszug übertragen. Dabei gilt das Hebelgesetz. Berechne die Kraft F_Z auf den Bremszug für F_H = 120 N und a_H = 9,0 cm sowie a_Z = 3,0 cm.

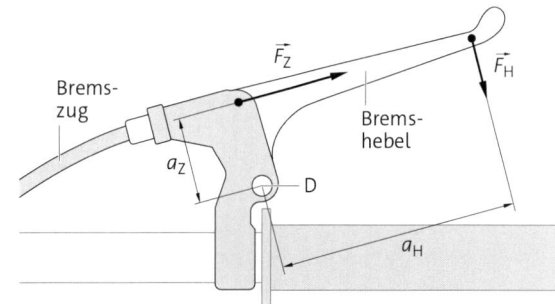

Kraftwandler (mit Lösungen)

S. 12–25 SB

Kraftwandler: Schiefe Ebene

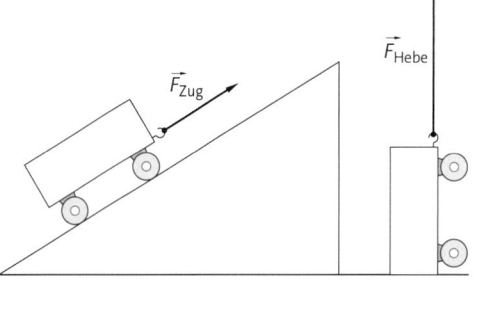

1. Anstatt einen Gegenstand senkrecht auf eine bestimmte Höhe zu heben, kann man ihn auch über eine schiefe Ebene noch oben ziehen.
   a. Erkläre, welchen Vorteil die schiefe Ebene in diesem Beispiel bringt und mit welchem Nachteil das verbunden ist.
   Eine schiefe Ebene verringert die aufzuwendende Kraft. Dafür muss die Kraft aber über eine längere Strecke wirken.
   b. Nenne die Bestimmungsstücke der aufzuwendenden Kraft, die durch die schiefe Ebene geändert werden.
   Durch die schiefe Ebene werden Betrag und Richtung der aufzuwendenden Kraft verändert.
   c. Nenne Anwendungsbeispiele für eine schiefe Ebene.
   - Serpentinenstraße
   - Rampe, z. B. für Rollstuhlfahrer
   - Schraube (aufgewickelte schiefe Ebene)

2. Ein Wagen rollt auf einer schiefen Ebene nach unten. Dabei wirkt neben der Gewichtskraft $\vec{F}_G$ eine Hangabtriebskraft $\vec{F}_{Hangabtrieb}$ auf ihn.
   a. Bestimme anhand der Zeichnung die Beträge der Gewichtskraft und der Hangabtriebskraft. Gib an, wie groß die Masse des Wagens ungefähr ist.

   Maßstab: 1,0 cm ≙ 2,0 N

   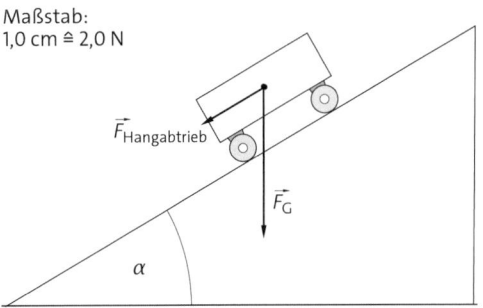

   b. Gib an, wie sich der Betrag der Hangabtriebskraft ändert, wenn der Neigungswinkel α der schiefen Ebene größer wird.
   Je größer der Neigungswinkel der schiefen Ebene ist, desto größer ist die Hangabtriebskraft auf den Wagen.

   $F_G = 4{,}0\ N;\ F_H = 2{,}0\ N$
   Masse des Wagens:
   $m = \dfrac{F_G}{g}$
   $m = \dfrac{4{,}0\ N}{9{,}8\ \frac{N}{kg}} = 0{,}41\ kg = 4{,}1 \cdot 10^2\ g$

   c. Kann der Betrag der Hangabtriebskraft größer als der Betrag der Gewichtskraft werden? Begründe mit der Goldenen Regel.
   Nein. Der Betrag der Hangabtriebskraft kann maximal genauso groß sein wie der Betrag der Gewichtskraft. Begründung: Nach der Goldenen Regel der Mechanik muss die Länge der schiefen Ebene immer kürzer werden, je größer die Hangabtriebskraft (und damit auch die Zugkraft) wird. Die Länge der schiefen Ebene kann aber nicht kleiner sein als die Höhe.

3. Begründe folgende Aussage physikalisch: Wenn man mit dem Fahrrad steil bergauf fährt, kann man durch „Schlangenlinienfahren" Kraft sparen.
   Durch „Schlangenlinienfahren" wird der Steigungswinkel geringer. Dadurch verringert sich die aufzuwendende Kraft und der zurückgelegte Weg wird größer (Goldene Regel der Mechanik).

4. Ein Karton liegt auf einer schiefen Ebene und befindet sich in Ruhe. Gib die richtige(n) Aussage(n) an.
   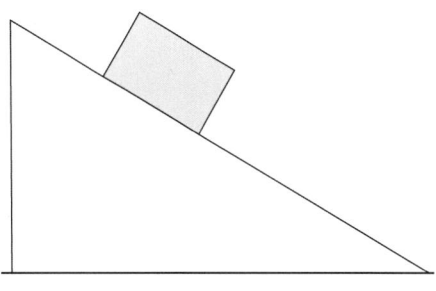
   A ~~Der Karton befindet sich in Ruhe, also wirken keine Kräfte auf ihn.~~
   B Die Reibungskraft und die Hangabtriebskraft befinden sich im Gleichgewicht.
   C ~~Die Reibungskraft ist größer als die Hangabtriebskraft.~~
   D Erst wenn die Hangabtriebskraft größer als die Reibungskraft ist, beginnt der Karton zu rutschen.
   E ~~Es wirken keine Reibungskräfte, da sich der Körper nicht bewegt.~~

Kraftwandler: Flaschenzug (Wahlthema)

5 Gib für die folgenden Kraftwandler an, welche Bestimmungsstücke einer Kraft (Betrag, Richtung, Angriffspunkt) jeweils verändert werden:
A Seil Angriffspunkt der Kraft
B feste Rolle mit Seil Richtung und Angriffspunkt der Kraft
C Flaschenzug Betrag, Richtung und Angriffspunkt der Kraft

6 Bestimme jeweils den Betrag der Zugkraft. Die Masse der Rollen soll dabei vernachlässigt werden.

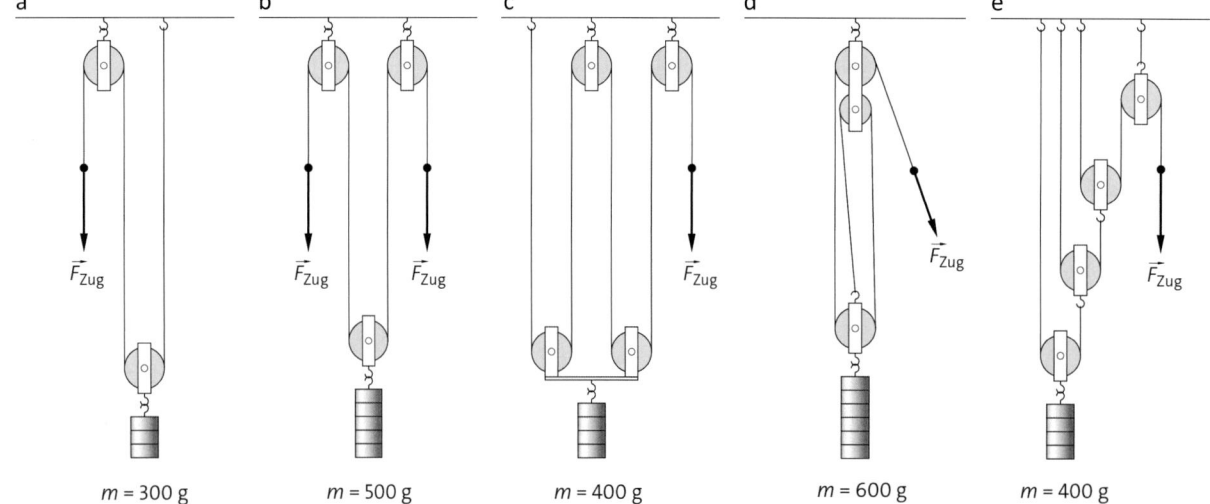

a $F_{Zug} = \frac{1}{2} \cdot 2{,}94\ N = 1{,}47\ N$

b $F_{Zug} = \frac{1}{2} \cdot 4{,}91\ N = 2{,}45\ N$

c $F_{Zug} = \frac{1}{4} \cdot 3{,}92\ N = 0{,}981\ N$

d $F_{Zug} = \frac{1}{3} \cdot 5{,}89\ N = 1{,}96\ N$

e $F_{Zug} = \frac{1}{8} \cdot 3{,}92\ N = 0{,}491\ N$

7 Die nebenstehende Skizze zeigt einen Deckenlifter für Fahrräder. Berechne die Kraft, die notwendig ist, um damit ein Fahrrad mit einer Masse von 12,4 kg nach oben zu ziehen.

$F_{Zug} = \frac{1}{4} F_G$

$F_{Zug} = \frac{1}{4} \cdot 122\ N = 30{,}5\ N$

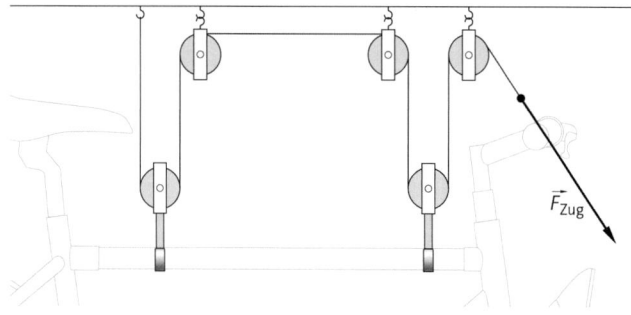

8 In den folgenden Abbildungen siehst du drei verschiedene Vorrichtungen, mit deren Hilfe man ein Boot aus dem Wasser ziehen kann. Vergleiche jeweils die Zugkraft F_Z der Seilwinde mit der Kraft F_B, die auf das Boot wirkt.
(Schreibweise: $F_{Zug} = \frac{1}{n} \cdot F_B$)

a

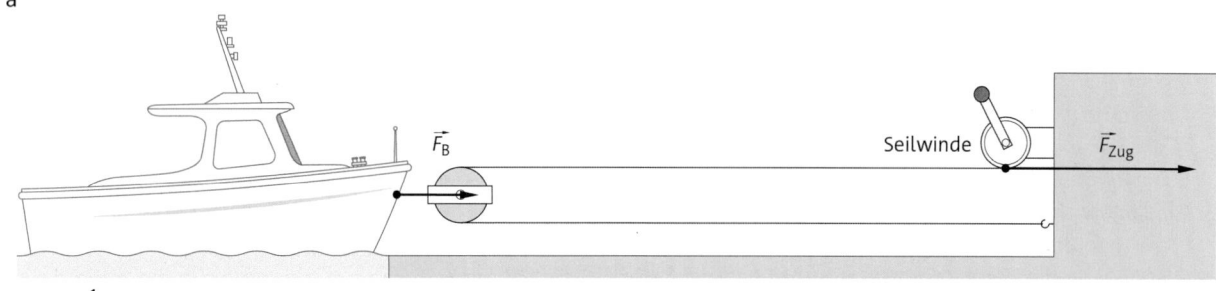

$F_{Zug} = \frac{1}{2} \cdot F_B$

Kraftwandler — Mechanik und Energie — S. 12–25 SB

b

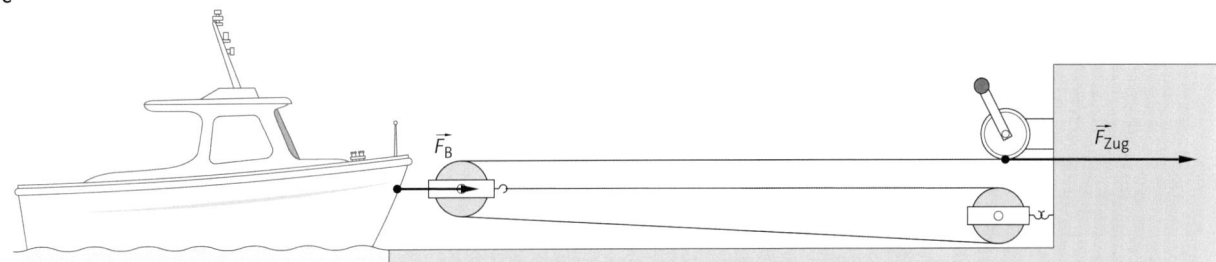

$F_{Zug} = \frac{1}{4} \cdot F_B$

c

$F_{Zug} = \frac{1}{3} \cdot F_B$

9 Das Bild zeigt einen Flaschenzug auf einem kleinen Segelboot.
Er dient der Regulierung und Ausrichtung des Segels. Gib die Anzahl der tragenden Seile und das Verhältnis der Kraftübersetzung an.
Es sind drei tragende Seilstücke.

Kraftübersetzung: $F_{Zug} = \frac{1}{3} \cdot F_{Last}$

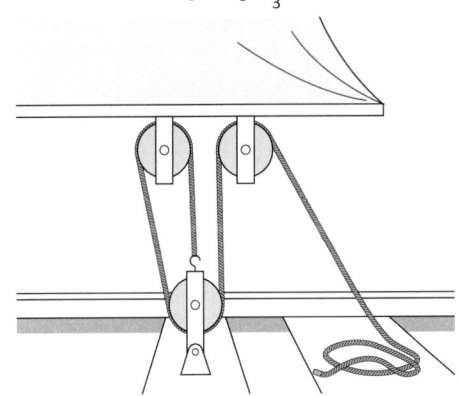

10 In der Bergrettung werden häufig sogenannte Schweizer Flaschenzüge verwendet. Die folgenden Abbildungen zeigen das Modell einer einfachen Version und einer aufwendigeren Version. Dabei wurden die Karabiner durch Rollen ersetzt.
Bestimme die Kraftübersetzung (Zugkraft F_{Zug} : Last F_{Last}).

① $F_{Zug} : F_{Last} = 1 : 3$ (drei tragende Seilstücke)
② $F_{Zug} : F_{Last} = 1 : 5$ (fünf tragende Seilstücke)

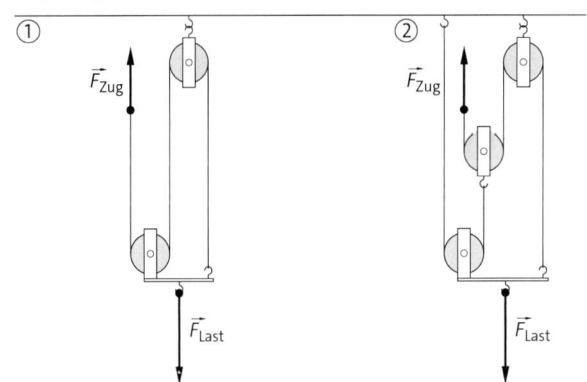

Kraftwandler: Hebel (Wahlthema)

11 Ergänze in der folgenden Tabelle die fehlenden Größen, sodass sich der Hebel im Gleichgewicht befindet:

F_1 in N	a_1 in cm	F_2 in N	a_2 in cm
0,50	40	2,0	10
10	5,0	2,0	25
20	30	60	10
1,0	50	10	5

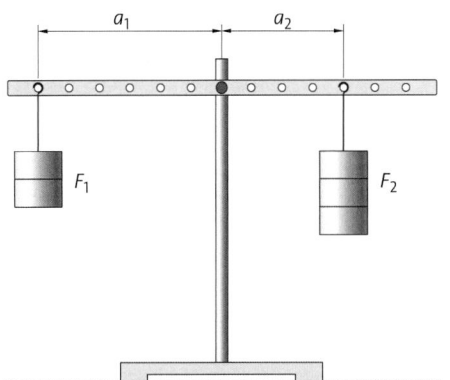

12 In einem Versuch entsprechend nebenstehender Skizze wurde an einem zweiseitigen Hebel die Kraft F_2 in Abhängigkeit von der Länge des Hebelarms a_2 gemessen. Dabei ergaben sich folgende Messwerte:

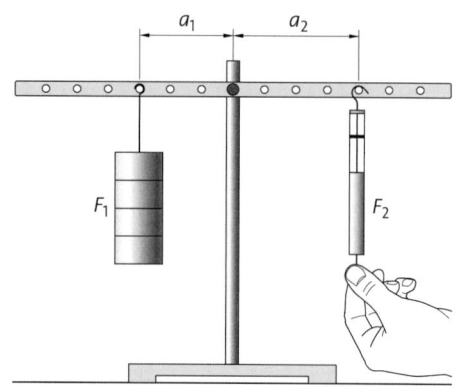

a_2 in cm	2,0	4,0	6,0	8,0	10	12
F_2 in N	6,0	3,0	2,0	1,5	1,2	1,0

a Stelle die Kraft F_2 in Abhängigkeit von der Länge des Hebelarms a_2 grafisch dar.

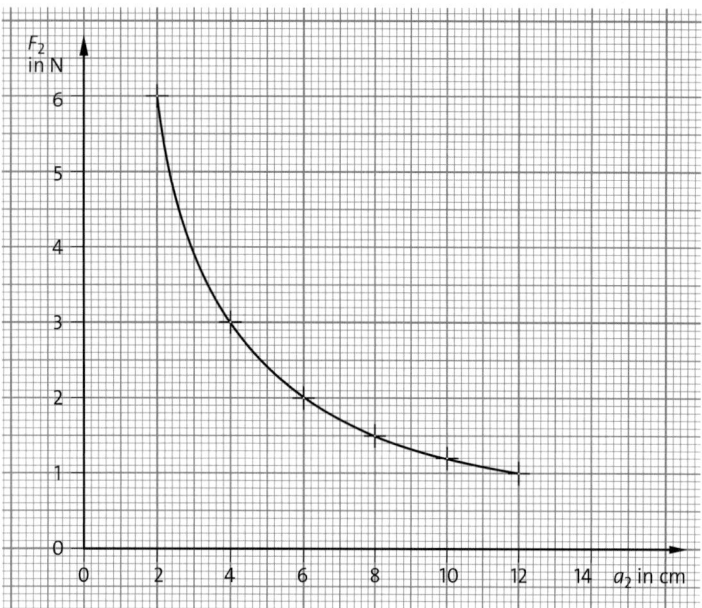

b Gib den Zusammenhang zwischen F_2 und a_2 an, wenn man F_1 und a_1 nicht verändert. Überprüfe diesen Zusammenhang rechnerisch.
F_2 ist indirekt proportional zu a_2.

a_2 in cm	2,0	4,0	6,0	8,0	10	12
F_2 in N	6,0	3,0	2,0	1,5	1,2	1,0
$F_2 \cdot a_2$ in Ncm	12	12	12	12	12	12

13 An dem zweiseitigen Hebel in der nebenstehenden Skizze greifen mehrere Kräfte an. Berechne den Betrag der Kraft $\vec{F_2}$, sodass der Hebel im Gleichgewicht ist.

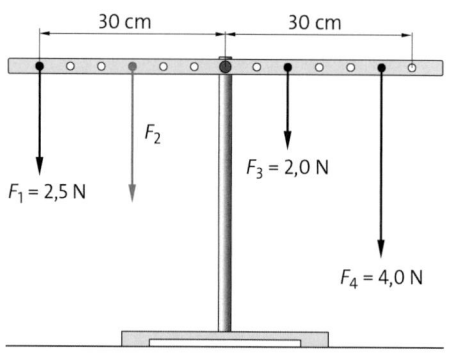

$F_1 \cdot a_1 + F_2 \cdot a_2 = F_3 \cdot a_3 + F_4 \cdot a_4$

$F_2 = \dfrac{F_3 \cdot a_3 + F_4 \cdot a_4 - F_1 \cdot a_1}{a_2}$

$F_2 = \dfrac{2{,}0\,\text{N} \cdot 10\,\text{cm} + 4{,}0\,\text{N} \cdot 25\,\text{cm} - 2{,}5\,\text{N} \cdot 30\,\text{cm}}{15\,\text{cm}}$

$F_2 = 3{,}0\,\text{N}$

14 Der einseitige Hebel in der nebenstehenden Skizze befindet sich im Gleichgewicht. Berechne den Betrag der Kraft $\vec{F_3}$.

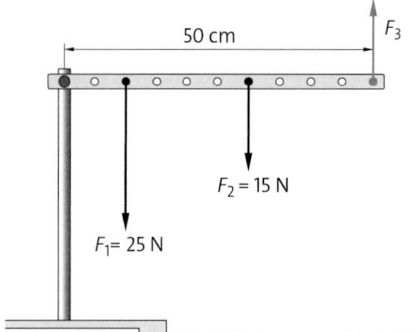

$F_1 \cdot a_1 + F_2 \cdot a_2 = F_3 \cdot a_3$

$F_3 = \frac{F_1 \cdot a_1 + F_2 \cdot a_2}{a_3}$

$F_3 = \frac{25\,N \cdot 10\,cm + 15\,N \cdot 30\,cm}{50\,cm}$

$F_3 = 14\,N$

15 Ein einfacher Nussknacker ist ein einseitiger Hebel. Berechne für den Nussknacker in der nebenstehenden Skizze die Kraft F_2, die auf die Walnuss wirkt, für folgende Werte:
$F_1 = 50\,N$; $a_1 = 17\,cm$; $a_2 = 4{,}5\,cm$.

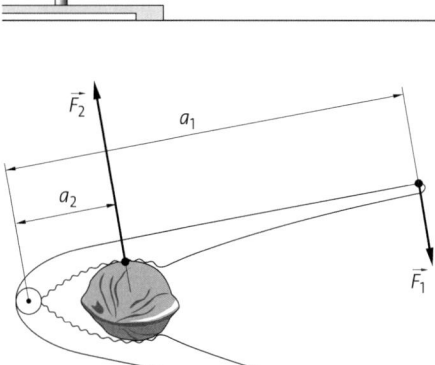

$F_1 \cdot a_1 = F_2 \cdot a_2$

$F_2 = \frac{F_1 \cdot a_1}{a_2}$

$F_2 = \frac{50\,N \cdot 17\,cm}{4{,}5\,cm} = 189\,N = 0{,}19\,kN$ (gerundet)

16 Der menschliche Unterarm wirkt beim Heben von Gegenständen wie ein einseitiger Hebel. Der Bizeps zieht den Unterarm nach oben. Dabei ist das Ellenbogengelenk der Drehpunkt (siehe Skizze). Berechne die Kraft, die der Bizeps ausüben muss, wenn auf die Hand eine Kraft $F_2 = 75\,N$ wirkt. Die Längen der Hebelarme betragen $a_1 = 4{,}5\,cm$ und $a_2 = 36\,cm$.

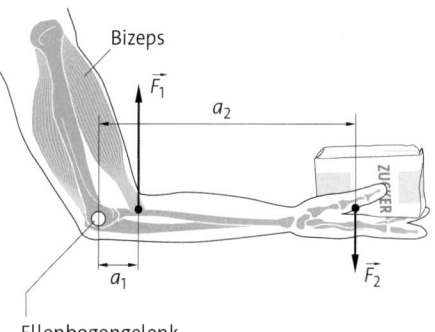

$F_1 \cdot a_1 = F_2 \cdot a_2$

$F_1 = \frac{F_2 \cdot a_2}{a_1}$

$F_1 = \frac{75\,N \cdot 36\,cm}{4{,}5\,cm} = 600\,N = 0{,}60\,kN$ (gerundet)

17 Sich die Finger in einer Tür einzuklemmen kann sehr schmerzhaft sein. Dabei wirkt die Tür wie ein einseitiger Hebel (siehe Skizze). Bestimme für $a_1 = 80\,cm$ und $a_2 = 2{,}5\,cm$, welches Vielfache der an der Türklinke angreifenden Kraft am Türrahmen wirkt.

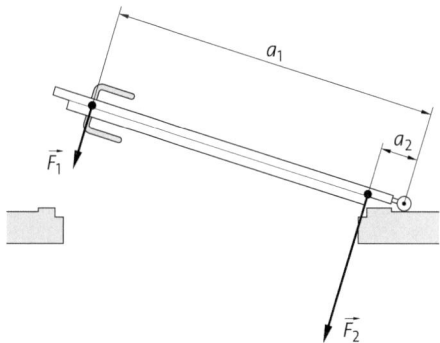

$F_1 \cdot a_1 = F_2 \cdot a_2$

$F_2 = \frac{F_1 \cdot a_1}{a_2}$

$F_2 = F_1 \cdot \frac{80\,cm}{2{,}5\,cm} = F_1 \cdot 32$

Am Türrahmen wirkt das 32-Fache der an der Türklinke angreifenden Kraft.

Kraftwandler — Mechanik und Energie — S. 12–25 SB

18 In den folgenden Abbildungen sind einige Anwendungen zum Hebel dargestellt.

a Gib jeweils an, ob es sich um einen einseitigen oder zweiseitigen Hebel handelt. Zeichne jeweils den Drehpunkt D, die Hebelarme a_1 und a_2 sowie die wirkenden Kräfte F_1 und F_2 ein.

A Schere **zweiseitiger Hebel** B Aktenlocher **einseitiger Hebel** C Rollkoffer **einseitiger Hebel**

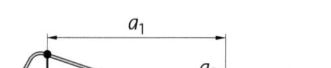
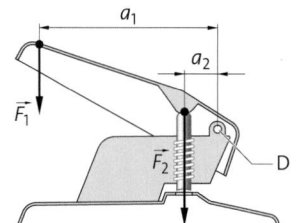

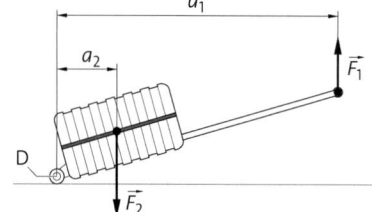

b Beantworte die folgenden Fragen und begründe jeweils physikalisch:

A Warum kann man dicke Pappe besser schneiden, wenn man eine Schere möglichst weit öffnet?
  Je weiter man die Schere öffnet, umso kleiner ist der entsprechende Hebelarm a_2 und umso größer ist die wirkende Kraft F_2.

B Wo muss man am Aktenlocher auf den Hebel drücken, um eine möglichst große Kraft zu erzeugen?
  Man muss möglichst weit außen (in der Skizze rechts) auf den Hebel drücken. Je länger der Hebelarm a_1 ist, umso größer ist die wirkende Kraft F_2.

C Welchen Einfluss hat am Rollkoffer die Länge des ausziehbaren Haltegriffs auf die Haltekraft?
  Je länger der ausziehbare Haltegriff, umso geringer ist die Haltekraft F_2. Wenn der Hebelarm a_2 groß gegenüber a_1 ist, braucht man nur eine kleine Haltekraft F_2, um eine große Gewichtskraft F_1 im Gleichgewicht zu halten.

19 Ein Wellrad ist ein Kraftwandler, der aus einer Welle und einem darauf befestigten Rad besteht. In der nebenstehenden Skizze sind die Vorderansicht und die Seitenansicht eines Wellrads dargestellt.

a Berechne die Kraft F_1 für $F_2 = 150$ N, $r_2 = 30$ cm und $r_1 = 5{,}0$ cm.

$$F_1 \cdot r_1 = F_2 \cdot r_2$$

$$F_1 = \frac{F_2 \cdot r_2}{r_1}$$

$$F_1 = \frac{150\text{ N} \cdot 30\text{ cm}}{5{,}0\text{ cm}} = 900\text{ N} = 0{,}90\text{ kN (gerundet)}$$

b Wo werden Wellräder im Alltag genutzt? Nenne ein Beispiel.
  Kurbel beim Fahrrad; Seilwinde; Wasserrad

20 Die Skizze zeigt die Kraftübertragung am Fahrrad vom Pedal auf die Straße. Wenn die Tretkurbel waagerecht steht, gilt sowohl an Pedal und Kettenblatt als auch an Ritzel und Hinterrad das Hebelgesetz.

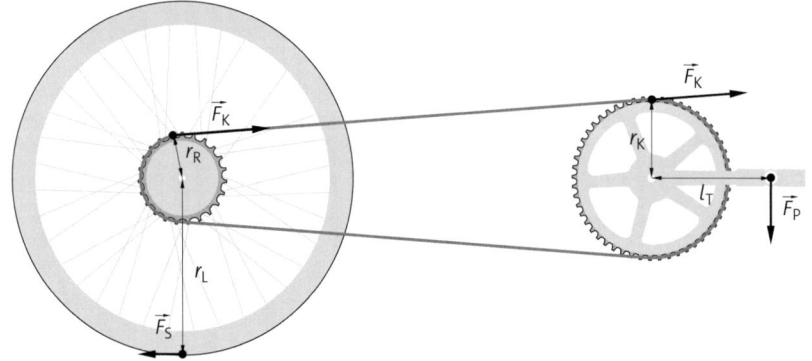

$\vec{F}_P$ = Kraft auf das Pedal
$\vec{F}_K$ = Kraft auf die Kette
l_T = Länge der Tretkurbel
r_K = Radius des Kettenblatts
$\vec{F}_S$ = Kraft auf die Straße
r_L = Radius des Laufrads
r_R = Radius des Ritzels

Berechne für $F_P = 350$ N, $l_T = 17{,}5$ cm und $r_L = 34$ cm jeweils die Antriebskraft F_S auf die Straße.

a Schnellgang: $r_K = 7{,}3$ cm; $r_R = 2{,}0$ cm

$$F_K = \frac{F_P \cdot l_T}{r_K}$$

$$F_K = \frac{350\text{ N} \cdot 17{,}5\text{ cm}}{7{,}3\text{ cm}} = 839\text{ N} = 0{,}84\text{ kN (gerundet)}$$

$$F_S = \frac{F_K \cdot r_R}{r_L}$$

$$F_S = \frac{84\text{ N} \cdot 10\text{ N} \cdot 2{,}0\text{ cm}}{34\text{ cm}} = 49\text{ N}$$

b Berggang: $r_K = 5{,}3$ cm; $r_R = 9{,}1$ cm

$F_K = \dfrac{F_P \cdot l_T}{r_K}$

$F_K = \dfrac{350\text{ N} \cdot 17{,}5\text{ cm}}{5{,}3\text{ cm}} = 1156\text{ N} = 1{,}2\text{ kN (gerundet)}$

$F_S = \dfrac{F_K \cdot r_R}{r_L}$

$F_S = \dfrac{1{,}2\text{ N} \cdot 10^3 \text{ N} \cdot 9{,}1\text{ cm}}{34\text{ N}} = 321\text{ N} = 0{,}32\text{ kN (gerundet)}$

21 Die nebenstehende Skizze zeigt den Bremshebel einer mechanischen Fahrradbremse. Die Handkraft $\vec{F}_H$ des Fahrers wird über den Bremshebel auf den Bremszug übertragen. Dabei gilt das Hebelgesetz. Berechne die Kraft F_Z auf den Bremszug für $F_H = 120$ N und $a_H = 9{,}0$ cm sowie $a_Z = 3{,}0$ cm.

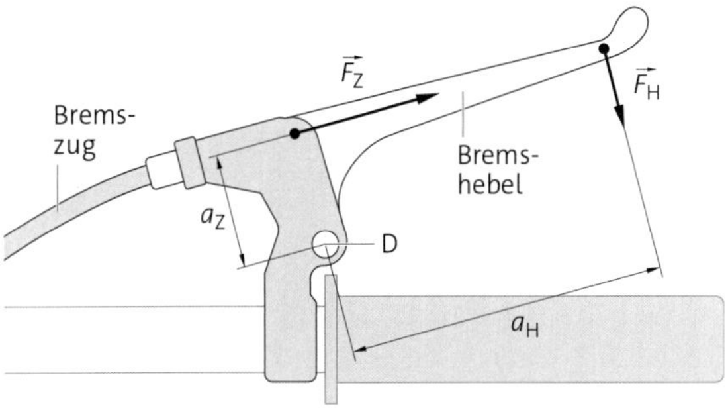

$F_Z \cdot a_Z = F_H \cdot a_H$

$F_Z = \dfrac{F_H \cdot a_H}{a_Z}$

$F_Z = \dfrac{120\text{ N} \cdot 9{,}0\text{ cm}}{3{,}0\text{ cm}} = 360\text{ N} = 0{,}36\text{ kN (gerundet)}$

Energie

S. 26–37 SB

Energieformen

1 Gib für die folgenden Beispiele jeweils an, wo Energie auftritt und um welche Energieform es sich handelt:

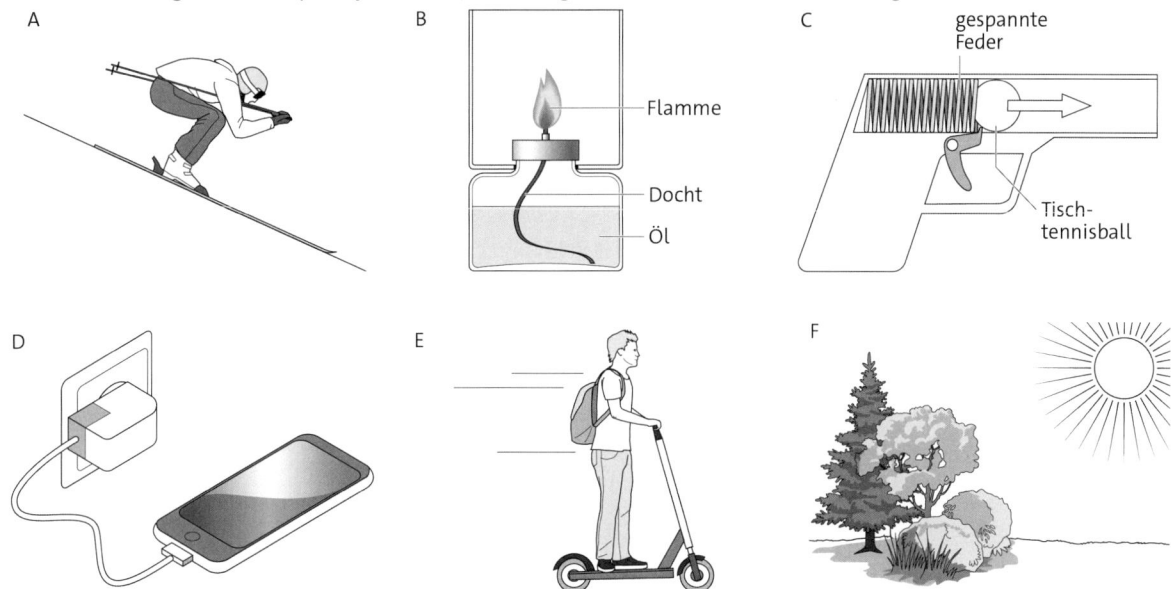

2 Eine Person springt, an einem Bungee-Seil hängend, von einer Brücke in die Tiefe. Ordne die folgenden Aussagen den Phasen des Bungee-Sprungs zu:

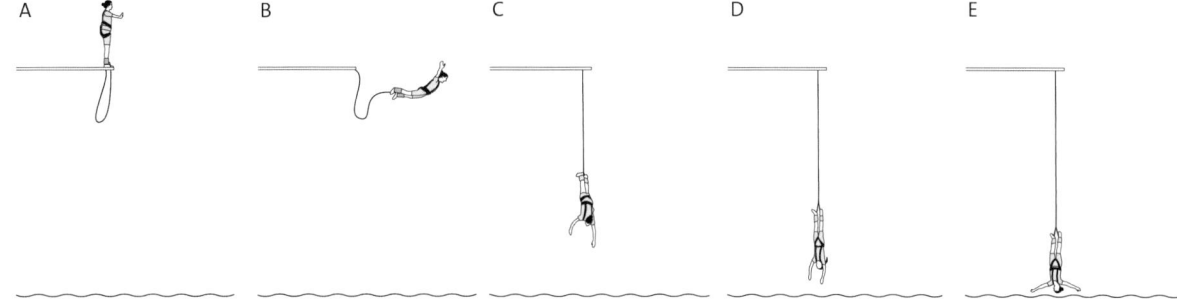

a Die kinetische Energie des Springers nimmt ab.
b Die potenzielle Energie des Springers ist am größten.
c Die Spannenergie des Gummiseils ist am größten.
d Der Springer hat seine maximale kinetische Energie erreicht.
e Die potenzielle Energie des Springers nimmt ab und seine kinetische Energie nimmt zu.

Eigenschaften der Energie

3 Nenne drei wesentliche Eigenschaften von Energie und gib jeweils ein Beispiel an.

4 Gib für die Energiewandler jeweils die zugeführte und gewünschte Energieform an.

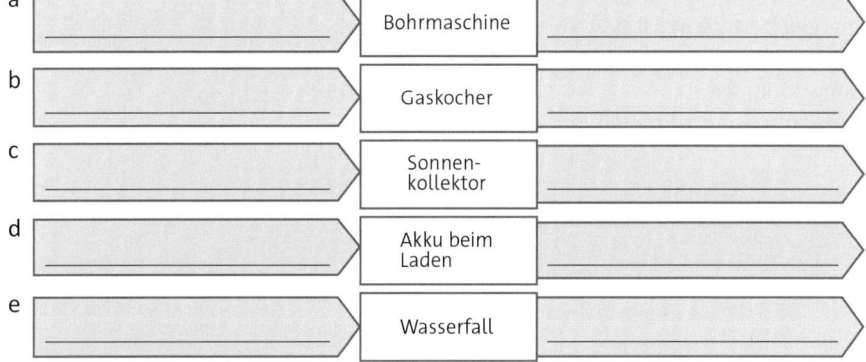

Energie — Mechanik und Energie — S. 26–37 SB

Energieerhaltung

5 Ein Skateboarder fährt in einer Halfpipe.
a Nenne die mechanischen Energieformen, die dabei auftreten.
b Beschreibe, an welcher Stelle der Skateboarder seine größte Geschwindigkeit hat. Begründe.
c Die mechanische Energie des Skateboarders wird nach und nach geringer (entwertet), wenn er unterwegs keinen „Schwung" holt. Erkläre, woran das liegt.

6 Nimm zu den drei Aussagen von Anton (links), Benedikt (Mitte) und Carolin (rechts) Stellung.

Anton: Der Flummi erreicht nach jedem Aufprall auf dem Boden niemals wieder seine vorherige Höhe, da bei seiner Bewegung ständig Energie verloren geht.

Benedikt: Irgendwann bleibt der Ball am Boden liegen, dann ist seine gesamte Energie verbraucht.

Carolin: Die Energie ist am Ende nicht verschwunden, sondern nur unbrauchbar geworden.

7 Das Pendel in der nebenstehenden Skizze wurde ausgelenkt und wird nun an der Stelle S losgelassen.
a Bis zu welcher Stelle (A, B oder C) schwingt das Pendel, bevor es wieder zurückschwingt? Begründe.
b Erläutere an diesem Beispiel den Energieerhaltungssatz.
c Erkläre an diesem Beispiel, was man unter Energieentwertung versteht.

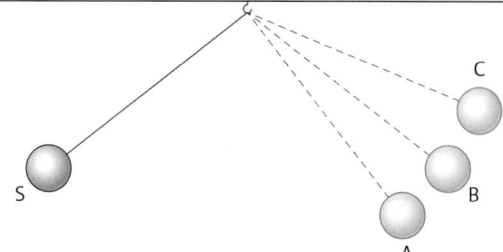

8 In dem nebenstehend skizzierten Versuch ist die Feder gedehnt und der Drehkörper wird festgehalten. Sobald der Drehkörper losgelassen wird, zieht sich die Feder zusammen.
a Gib an, wo bei diesem Versuch Energieübertragung stattfindet.
b Nenne die auftretenden Energieumwandlungen.
c Beschreibe, woran man die Energieentwertung erkennen kann.

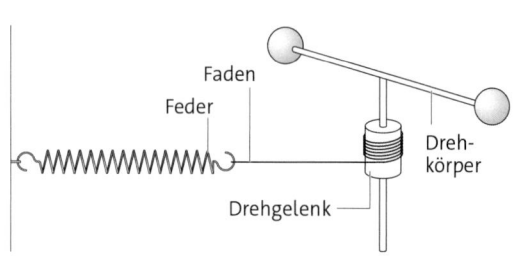

Energie (mit Lösungen)

S. 26–37 SB

Energieformen

1   Gib für die folgenden Beispiele jeweils an, wo Energie auftritt und um welche Energieform es sich handelt:

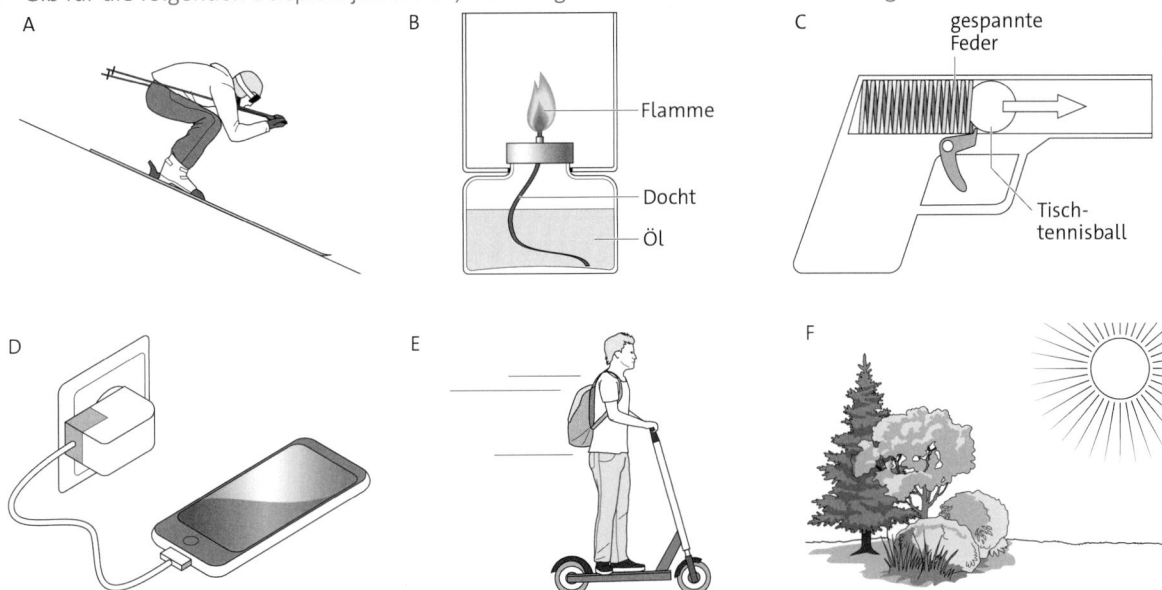

A   Der Skifahrer besitzt potenzielle und kinetische Energie.
B   Im Öl steckt chemische Energie, die Flamme besitzt thermische Energie und sendet Strahlungsenergie aus.
C   Die gespannte Feder besitzt Spannenergie. Wenn der Tischtennisball wegfliegt, besitzt er kinetische Energie.
D   Das Kabel überträgt elektrische Energie zum Handy. Im Handyakku ist chemische Energie gespeichert.
E   Schüler und E-Scooter besitzen kinetische Energie. Im Akku des E-Scooters ist chemische Energie gespeichert.
    Der E-Motor wird durch elektrische Energie angetrieben.
F   Die Sonne sendet Strahlungsenergie aus. Pflanzen speichern chemische Energie.

2   Eine Person springt, an einem Bungee-Seil hängend, von einer Brücke in die Tiefe. Ordne die folgenden Aussagen
    den Phasen des Bungee-Sprungs zu:

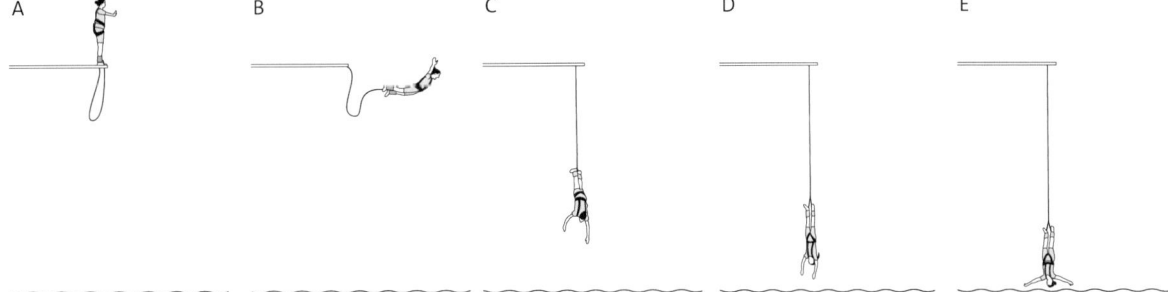

a   D Die kinetische Energie des Springers nimmt ab.
b   A Die potenzielle Energie des Springers ist am größten.
c   E Die Spannenergie des Gummiseils ist am größten.
d   C Der Springer hat seine maximale kinetische Energie erreicht.
e   B Die potenzielle Energie des Springers nimmt ab und seine kinetische Energie nimmt zu.

Eigenschaften der Energie

3   Nenne drei wesentliche Eigenschaften von Energie und gib jeweils ein Beispiel an.
    Energie kann von einer Form in andere Formen umgewandelt werden.
    Beispiel: Wenn ein Flummi nach unten fällt, wird potenzielle Energie in kinetische Energie umgewandelt.
    Energie kann übertragen werden.
    Beispiel: Beim Anheben einer vollen Einkaufstasche wird Energie auf die Tasche übertragen.
    Energie kann gespeichert werden.
    Beispiel: Heißer Tee in einer Thermoskanne speichert innere Energie.

Energie — Mechanik und Energie — S. 26–37 SB

4 Gib für die Energiewandler jeweils die zugeführte und gewünschte Energieform an.

a **elektrische Energie** › Bohrmaschine › **kinetische Energie**

b **chemische Energie** › Gaskocher › **innere Energie**

c **Strahlungsenergie** › Sonnenkollektor › **innere Energie**

d **elektrische Energie** › Akku beim Laden › **chemische Energie**

e **potenzielle Energie** › Wasserfall › **kinetische Energie**

Energieerhaltung

5 Ein Skateboarder fährt in einer Halfpipe.

a Nenne die mechanischen Energieformen, die dabei auftreten.
Potenzielle Energie wird in kinetische Energie umgewandelt und diese dann wieder in potenzielle Energie. Dabei wird ständig ein Teil der mechanischen Energie in innere Energie der Umgebung umgewandelt.

b Beschreibe, an welcher Stelle der Skateboarder seine größte Geschwindigkeit hat. Begründe.
Im tiefsten Punkt der Halfpipe hat der Skateboarder seine größte Geschwindigkeit, weil dort seine potenzielle Energie am geringsten und seine kinetische Energie am größten ist.

c Die mechanische Energie des Skateboarders wird nach und nach geringer (entwertet), wenn er unterwegs keinen „Schwung" holt. Erkläre, woran das liegt.
Die mechanische Energie des Skateboarders wird nach und nach in innere Energie der Umgebung umgewandelt. Dies geschieht durch:
• Rollreibung zwischen Skateboard und Halfpipe
• Reibung in den Lagern des Skateboards
• Luftreibung

6 Nimm zu den drei Aussagen von Anton (links), Benedikt (Mitte) und Carolin (rechts) Stellung.

Anton: Die Aussage ist falsch. Nach dem Energieerhaltungssatz kann Energie nicht verloren gehen, sondern nur von einer Form in eine andere Form umgewandelt werden.
Benedikt: Die Aussage ist ebenfalls falsch. Wenn der Ball am Boden liegen bleibt, hat sich seine gesamte potenzielle und kinetische Energie in innere Energie der Umgebung umgewandelt.
Carolin: Die Aussage ist richtig. Die mechanische Energie des Balls hat sich vollständig in innere Energie umgewandelt. Diese kann nicht mehr zur Bewegung genutzt werden und ist damit unbrauchbar geworden (wurde entwertet).

7 Das Pendel in der nebenstehenden Skizze wurde ausgelenkt und wird nun an der Stelle S losgelassen.
a Bis zu welcher Stelle (A, B oder C) schwingt das Pendel, bevor es wieder zurückschwingt? Begründe.
Das Pendel schwingt bis zur Stelle A, da ein Teil der mechanischen Energie in innere Energie der Umgebung umgewandelt wird, zum Beispiel durch Luftreibung der Kugel und Reibung der Schnur am Haken.
b Erläutere an diesem Beispiel den Energieerhaltungssatz.
Die Summe aus potenzieller und kinetischer Energie des Pendels nimmt um den Betrag ab, um den die innere Energie von Pendel, Haken und Luft zunimmt. Dabei bleibt die Gesamtenergie immer gleich groß (Energieerhaltungssatz).
c Erkläre an diesem Beispiel, was man unter Energieentwertung versteht.
Ein Teil der potenziellen und kinetischen Energie der Kugel wird ständig in innere Energie umgewandelt und ist nicht mehr nutzbar (wertlos).

8 In dem nebenstehend skizzierten Versuch ist die Feder gedehnt und der Drehkörper wird festgehalten. Sobald der Drehkörper losgelassen wird, zieht sich die Feder zusammen.

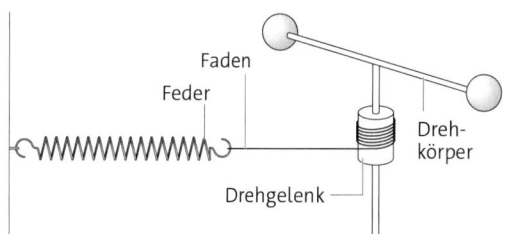

a Gib an, wo bei diesem Versuch Energieübertragung stattfindet.
Die Energie wird von der Feder auf den Drehkörper und dann von diesem wieder auf die Feder übertragen.
b Nenne die auftretenden Energieumwandlungen.
Die Spannenergie der Feder wird in kinetische Energie des Drehkörpers umgewandelt und umgekehrt. Dabei wird ein Teil der mechanischen Energie in innere Energie der Umgebung umgewandelt.
c Beschreibe, woran man die Energieentwertung erkennen kann.
Die Feder wird immer weniger stark gedehnt und die maximale Geschwindigkeit des Drehkörpers nimmt ab. Nach einiger Zeit bewegt sich der Drehkörper nicht mehr.

Arbeit, Leistung und Wirkungsgrad

S. 38–57 SB

Energie und Arbeit

1. In einem Versuch wird ein Wagen (F_G = 6,0 N) auf einer schiefen Ebene mit konstanter Geschwindigkeit nach oben gezogen. Dabei wird die Zugkraft F_{Zug} in Abhängigkeit von der Länge s der schiefen Ebene bei konstanter Höhe gemessen.

    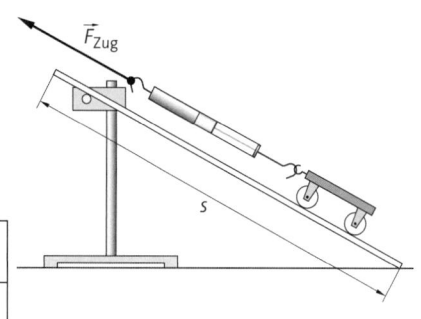

    a Werte die folgenden Messwerte rechnerisch aus, indem du zeigst, dass die Zugkraft F_{Zug} indirekt proportional zur Länge s der schiefen Ebene ist.

s in m	0,30	0,40	0,50	0,60	0,80
F_{Zug} in N	3,9	2,8	2,4	1,9	1,5
?	?	?	?	?	?

    b Gib das Versuchsergebnis an.
    c Welche physikalische Größe wurde in der dritten Zeile der Tabelle berechnet? Berechne deren Mittelwert.
    d Werte die Messreihe grafisch aus (s-F_{Zug}-Diagramm). Ermittle aus dem Diagramm den Wert der Zugkraft für eine Länge der schiefen Ebene von 70 cm.

2. Schreibe die folgenden Sätze auf und ergänze jeweils einen der Begriffe Arbeit oder Energie:
    a In einem gespannten Bogen ist eine ? von 15 Nm gespeichert.
    b Beim Anheben einer Schultasche wird ? verrichtet. Dabei wird ? auf die Schultasche übertragen.
    c Beim Verschieben eines Schranks wird eine ? von 120 J verrichtet.
    d ? ist eine Speichergröße und ? eine Übertragungsgröße.

3. Ein Spielzeugauto mit Feder wird „aufgezogen" (Bild A), kurz festgehalten (Bild B) und danach losgelassen (Bild C).

    A   B   C

    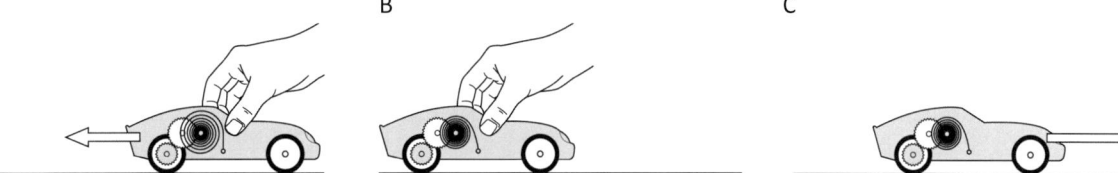

    a In welchen Bildern wird Arbeit verrichtet? Gib für diese Bilder an, an welchem Körper gerade Arbeit verrichtet wird.
    b Beschreibe für alle drei Bilder, ob und wie sich die Energie des Autos bzw. der Feder ändert.

4. Ein Körper mit der Masse m wird um die Höhe h angehoben. Berechne in der folgenden Tabelle jeweils die fehlenden Werte:

	m in kg	F in N	h in m	Energiezunahme E in J	verrichtete Arbeit W in Nm
a	13	?	2,4	?	?
b	?	49	?	74	?
c	?	?	150	?	117 · 10³

5. Franz zieht einen vollen Picknickkorb (m = 3,2 kg) an einem Seil in sein Baumhaus hoch. Der Höhenunterschied beträgt 2,80 m. Berechne die Hubarbeit, die Franz dabei verrichtet.

6. Energiebedarf beim Bergsteigen
    a Ein Bergsteiger besteigt von Oberstdorf (h = 828 m) aus das Nebelhorn (h = 2224 m). Berechne die Energie, die er aufwenden muss, wenn seine Masse mit Gepäck 80 kg beträgt.
    b Der Energiegehalt eines Power-Riegels mit einer Masse von 45 g beträgt 740 kJ. Berechne, wie viele solcher Power-Riegel er essen müsste, um den Energiebedarf für die Bergtour zu decken, wenn unsere Muskeln ca. 25 % der zugeführten Energie in potenzielle Energie umsetzen.

Arbeit, Leistung und Wirkungsgrad — Mechanik und Energie

7 Beim Gewichtheben muss der Sportler eine Hantel, die vor seinen Füßen auf dem Boden liegt, mit ausgestreckten Armen über den Kopf halten. In der Diszipin „Reißen" liegt der Weltrekord bei 213 kg. Berechne die Zunahme der potenziellen Energie der Hantel für einen Höhenunterschied von 2,0 m.

8 Eine Tafel Schokolade (m = 100 g) hat einen Energiegehalt von 2245 kJ.
 a Berechne, wie hoch man mit dieser Energie einen Körper mit einer Masse von 50,0 kg heben könnte.
 b Gib an, wie oft man mit dieser Energie eine 10,0 kg Hantel um 1,20 m anheben könnte.

9 Ein Wagen wird mithilfe einer Elektroseilwinde (S) auf einer Rampe mit konstanter Geschwindigkeit nach oben gezogen (siehe Abbildung rechts).
 a Berechne die Zugkraft F_{Zug}.
 b Die maximale Zugkraft der Seilwinde beträgt 500 N. Berechne, wie lang die Ebene mindestens sein muss.

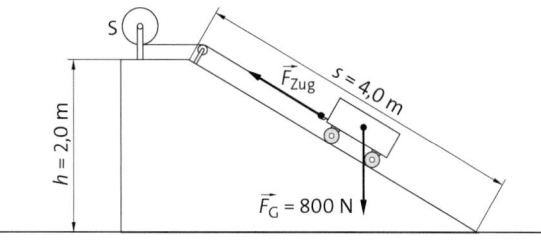

10 Ein Achterbahnwagen (m = 350 kg) startet bei A und fährt über B nach C.
 a Gib die Energieumwandlungen an, die von A nach B und von B nach C auftreten.
 b Gib die kinetische Energie des Wagens in B und in C an. Rechne mit dem Energieerhaltungssatz und vernachlässige die innere Energie.

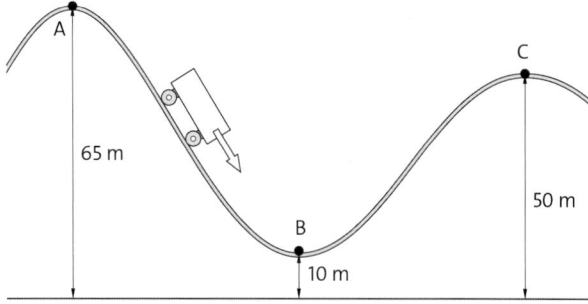

Leistung

11 Beschreibe, wie sich die Leistung verändert, wenn man
 a in der Hälfte der Zeit die gleiche Energie überträgt bzw. die gleiche Arbeit verrichtet.
 b in der gleichen Zeit die dreifache Energie überträgt bzw. Arbeit verrichtet.

12 Beim Treppenlauf im Augsburger Perlachturm müssen die Sportler 261 Stufen und einen Höhenunterschied von 70 m überwinden. Ein Teilnehmer (m = 72 kg) benötigt dafür 1:20 min. Berechne seine Leistung.

13 Zwei Schüler klettern an einer Kletterstange 5,0 m hoch. Schüler A (m = 46 kg) benötigt 8,0 s und Schüler B (m = 53 kg) schlägt nach 9,0 s oben an. Schüler A bekommt von seinem Sportlehrer die bessere Note, weil er die größere sportliche Leistung erbracht hat. Schüler B hat im Physikunterricht gut aufgepasst und beschwert sich bei seinem Sportlehrer, weil er im physikalischen Sinne die größere Leistung erbracht hat. Erkläre den Unterschied zwischen dem Leistungsbegriff im Sport und in der Physik.

14 Ein Radfahrer benötigt auf einer steilen Bergstraße für eine 1,6 km lange Strecke eine Zeit von 22 min. Dabei überwindet er einen Höhenunterschied von 260 m. Radfahrer und Fahrrad haben zusammen eine Masse von 83 kg.
 a Berechne die vom Radfahrer verrichtete Hubarbeit.
 b Berechne die durchschnittliche Leistung des Radfahrers auf diesem Streckenabschnitt.
 c Begründe, warum die tatsächliche Leistung des Radfahrers größer als die berechnete Leistung ist.

15 Die Schneckenpumpe (Schraubenpumpe) einer Kläranlage hat eine Förderleistung von 147 kW. Berechne, wie viel Liter Wasser sie pro Sekunde auf eine Höhe von 6,0 m befördern kann.

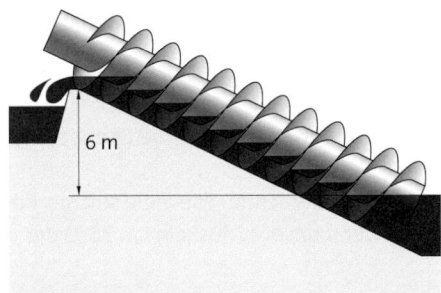

Arbeit, Leistung und Wirkungsgrad — Mechanik und Energie

16 Ein Auto hat eine Gesamtmasse von 1,2 t und sein Motor hat eine maximale Leistung von 74 kW.
  a Berechne, wie lange es mindestens dauert, bis der Wagen einen Höhenunterschied von 100 m überwunden hat.
  b Erkläre, warum das Fahrzeug in Wirklichkeit wesentlich mehr Zeit benötigt, um diesen Höhenunterschied zu überwinden.

17 Der Primärenergieverbrauch betrug im Jahr 2018 in Deutschland $12,9 \cdot 10^{18}$ J (für 82,8 Millionen Einwohner). Dieser Energiebedarf soll durch die menschliche Muskelkraft beim Radfahren aufgebracht werden. Ein Radfahrer bringt eine Dauerleistung von 150 W. Berechne, wie viele Radfahrer täglich 10 Stunden arbeiten müssten, um den Energiebedarf von einer Person aufzubringen.

Wirkungsgrad

18 Die Wasserpumpe eines Tiefenbrunnens hat folgende technische Daten:
  Fördermenge: $144 \cdot 10^3 \frac{l}{h}$
  maximale Förderhöhe: 62 m
  Leistungsaufnahme: 37 kW
  a Berechne die von der Pumpe abgegebene mechanische Leistung.
  b Berechne den Wirkungsgrad der Energieumwandlung.

19 Eine elektrische Seilwinde hebt eine Last mit einer Masse von 80 kg in 18 s um 7,5 m an.
  a Berechne die Leistung der Seilwinde.
  b Die von der Seilwinde aufgenommene Leistung beträgt 500 W. Berechne den Wirkungsgrad der Energieumwandlung.

20 Aus einem Stausee fließen pro Sekunde 50 t Wasser zu einem 120 m tiefer gelegenen Wasserkraftwerk.
  a Berechne die Leistung, die dem Wasserkraftwerk zugeführt wird.
  b Der Wirkungsgrad des Kraftwerks beträgt 87 %. Berechne die nutzbare elektrische Leistung.

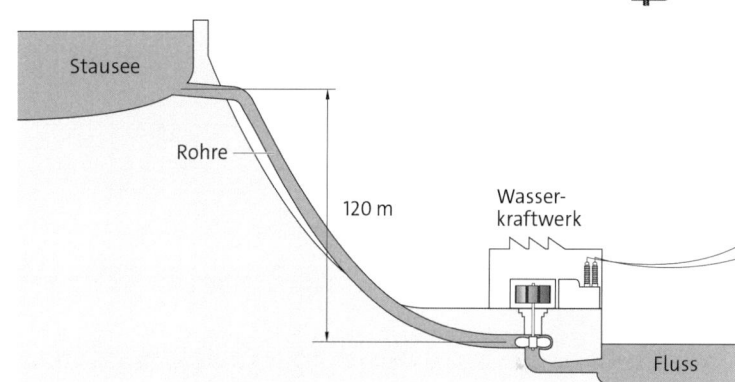

21 Eine Wasserpumpe nimmt eine Leistung von 690 W aus dem Stromnetz auf und hat einen Wirkungsgrad von 71 %. Berechne, wie viel Liter Wasser sie pro Minute durch eine Rohrleitung 10 m nach oben pumpen kann.

22 Aus einem Keller sollen 3500 l Wasser gepumpt werden. Der Höhenunterschied beträgt 2,5 m. Berechne, wie lange das dauert, wenn die Entwässerungspumpe einen Wirkungsgrad von 45 % hat und aus dem Stromnetz eine Leistung von 0,80 kW aufnimmt.

23 Ein „Perpetuum mobile" ist eine Maschine, die ohne Zufuhr von Energie ständig läuft. Gib die in der nebenstehenden Maschine stattfindenden Energieumwandlungen an und begründe, warum die Maschine nach einiger Zeit zum Stillstand kommt. Beginne beim Wasser im oberen Becken.

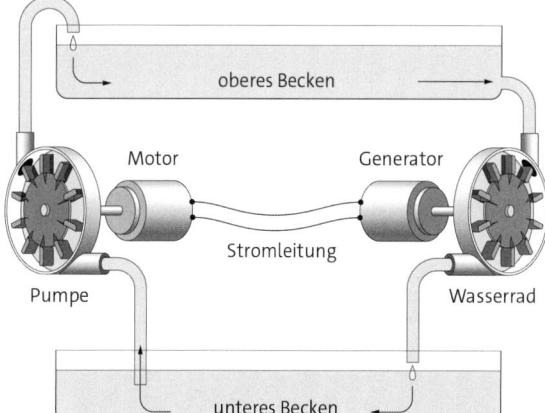

24 Ein Flummi (m = 50 g) wird aus 2,5 m Höhe fallen gelassen. Nachdem er den Boden berührt hat, springt er wieder nach oben und erreicht jetzt nur noch eine maximale Höhe von 1,8 m.
  a Nenne die dabei auftretenden Energieumwandlungen.
  b Bestimme den Wirkungsgrad der Energieumwandlung.

Arbeit, Leistung und Wirkungsgrad (mit Lösungen) S. 38–57 SB

Energie und Arbeit

1 In einem Versuch wird ein Wagen (F_G = 6,0 N) auf einer schiefen Ebene mit konstanter Geschwindigkeit nach oben gezogen. Dabei wird die Zugkraft F_{Zug} in Abhängigkeit von der Länge s der schiefen Ebene bei konstanter Höhe gemessen.

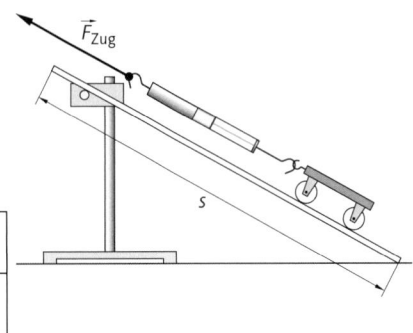

a Werte die folgenden Messwerte rechnerisch aus, indem du zeigst, dass die Zugkraft F_{Zug} indirekt proportional zur Länge s der schiefen Ebene ist.

s in m	0,30	0,40	0,50	0,60	0,80
F_{Zug} in N	3,9	2,8	2,4	1,9	1,5
$F_{Zug} \cdot s$ in Nm	1,2	1,1	1,2	1,1	1,2

b Gib das Versuchsergebnis an.
Das Produkt aus Zugkraft und Länge der schiefen Ebene ist stets gleich groß. Die Zugkraft F_{Zug} ist indirekt proportional zur Länge s der schiefen Ebene.

c Welche physikalische Größe wurde in der dritten Zeile der Tabelle berechnet? Berechne deren Mittelwert.
Potenzielle Energie bzw. Hubarbeit

$$\bar{E} = \frac{1{,}2\,\text{Nm} + 1{,}1\,\text{Nm} + 1{,}2\,\text{Nm} + 1{,}1\,\text{Nm} + 1{,}2\,\text{Nm}}{5} = 1{,}2\,\text{Nm}$$

d Werte die Messreihe grafisch aus (s-F_{Zug}-Diagramm). Ermittle aus dem Diagramm den Wert der Zugkraft für eine Länge der schiefen Ebene von 70 cm.

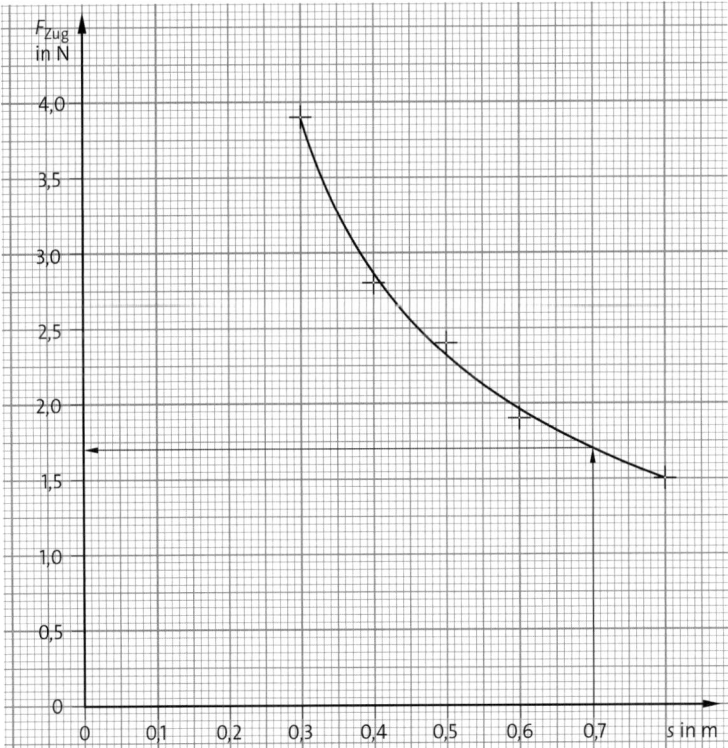

Für eine Länge der schiefen Ebene von 70 cm erhält man aus dem Diagramm eine Zugkraft von 1,7 N.

2 Schreibe die folgenden Sätze auf und ergänze jeweils einen der Begriffe Arbeit oder Energie:
a In einem gespannten Bogen ist eine **Energie** von 15 Nm gespeichert.
b Beim Anheben einer Schultasche wird **Arbeit** verrichtet. Dabei wird **Energie** auf die Schultasche übertragen.
c Beim Verschieben eines Schranks wird eine **Arbeit** von 120 J verrichtet.
d **Energie** ist eine Speichergröße und **Arbeit** eine Übertragungsgröße.

Arbeit, Leistung und Wirkungsgrad   Mechanik und Energie   S. 38–57 SB

3 Ein Spielzeugauto mit Feder wird „aufgezogen" (Bild A), kurz festgehalten (Bild B) und danach losgelassen (Bild C).

A   B   C

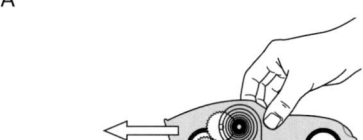

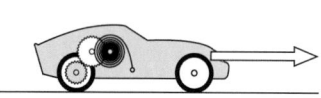

a In welchen Bildern wird Arbeit verrichtet? Gib für diese Bilder an, an welchem Körper gerade Arbeit verrichtet wird.
 In Bild A wird Arbeit an der Feder verrichtet.
 In Bild C wird Arbeit am Auto verrichtet.

b Beschreibe für alle drei Bilder, ob und wie sich die Energie des Autos bzw. der Feder ändert.
 Bild A: Die Spannenergie der Feder nimmt zu.
 Bild B: Es findet keine Energieänderung statt.
 Bild C: Die Spannenergie der Feder nimmt ab und die kinetische Energie des Autos zu.

4 Ein Körper mit der Masse m wird um die Höhe h angehoben. Berechne in der folgenden Tabelle jeweils die fehlenden Werte:

	m in kg	F in N	h in m	Energiezunahme E in J	verrichtete Arbeit W in Nm
a	13	$1{,}3 \cdot 10^2$	2,4	$3{,}1 \cdot 10^2$	$3{,}1 \cdot 10^2$
b	5,0	49	1,5	74	74
c	80	$7{,}8 \cdot 10^2$	150	$117 \cdot 10^3$	$117 \cdot 10^3$

a $F = m \cdot g$

$F = 13 \text{ kg} \cdot 9{,}8 \frac{\text{N}}{\text{kg}} = 1{,}3 \cdot 10^2 \text{ N}$

$E = F \cdot h$

$E = 1{,}3 \cdot 10^2 \text{ Nm} \cdot 2{,}4 \text{ m} = 3{,}1 \cdot 10^2 \text{ Nm}$

$W = E$

$E = 3{,}1 \cdot 10^2 \text{ Nm}$

b $m = \frac{F}{g}$

$m = \frac{49 \text{ N}}{9{,}8 \frac{\text{N}}{\text{kg}}} = 5{,}0 \text{ kg}$

$h = \frac{E}{F}$

$h = \frac{74 \text{ Nm}}{49 \text{ N}} = 1{,}5 \text{ m}$

$W = E$

$W = 74 \text{ Nm}$

c $E = W$

$E = 117 \cdot 10^3 \text{ Nm}$

$F = \frac{E}{h}$

$F = \frac{117 \cdot 10^3 \text{ Nm}}{150 \text{ m}} = 7{,}80 \cdot 10^2 \text{ m}$

$m = \frac{F}{g}$

$m = \frac{7{,}80 \cdot 10^2 \text{ m}}{9{,}8 \frac{\text{N}}{\text{kg}}} = 80 \text{ kg}$

Arbeit, Leistung und Wirkungsgrad — Mechanik und Energie — S. 38–57 SB

5 Franz zieht einen vollen Picknickkorb ($m = 3{,}2$ kg) an einem Seil in sein Baumhaus hoch. Der Höhenunterschied beträgt 2,80 m. Berechne die Hubarbeit, die Franz dabei verrichtet.

$W = F \cdot s$

$W = m \cdot g \cdot h$

$W = 3{,}2 \text{ kg} \cdot 9{,}8 \frac{\text{N}}{\text{kg}} \cdot 2{,}80 \text{ m} = 88 \cdot 10^3 \text{ Nm} = 88 \text{ kJ}$

6 Energiebedarf beim Bergsteigen

a Ein Bergsteiger besteigt von Oberstdorf ($h = 828$ m) aus das Nebelhorn ($h = 2224$ m). Berechne die Energie, die er aufwenden muss, wenn seine Masse mit Gepäck 80 kg beträgt.

$E_{\text{pot}} = m \cdot g \cdot h$

$E_{\text{pot}} = 80 \text{ kg} \cdot 9{,}8 \frac{\text{N}}{\text{kg}} \cdot 1396 \text{ m} = 1{,}1 \cdot 10^6 \text{ Nm} = 1{,}1 \text{ MJ}$

Der Bergsteiger muss eine Energie von 1,1 MJ aufwenden.

b Der Energiegehalt eines Power-Riegels mit einer Masse von 45 g beträgt 740 kJ. Berechne, wie viele solcher Power-Riegel er essen müsste, um den Energiebedarf für die Bergtour zu decken, wenn unsere Muskeln ca. 25 % der zugeführten Energie in potenzielle Energie umsetzen.

Anzahl der Riegel: $\frac{1{,}1 \cdot 10^3 \text{ kJ}}{740 \text{ kJ} \cdot 0{,}25} = 5{,}9$

Um den Energiebedarf zu decken, müsste er fast 6 Power-Riegel essen.

7 Beim Gewichtheben muss der Sportler eine Hantel, die vor seinen Füßen auf dem Boden liegt, mit ausgestreckten Armen über den Kopf halten. In der Disziplin „Reißen" liegt der Weltrekord bei 213 kg. Berechne die Zunahme der potenziellen Energie der Hantel für einen Höhenunterschied von 2,0 m.

$E_{\text{pot}} = m \cdot g \cdot h$

$E_{\text{pot}} = 213 \text{ kg} \cdot 9{,}8 \frac{\text{N}}{\text{kg}} \cdot 2{,}0 \text{ m} = 4{,}2 \cdot 10^3 \text{ Nm} = 4{,}2 \text{ kJ}$

Die Zunahme der potenziellen Energie der Hantel beträgt 4,2 kJ.

8 Eine Tafel Schokolade ($m = 100$ g) hat einen Energiegehalt von 2245 kJ.

a Berechne, wie hoch man mit dieser Energie einen Körper mit einer Masse von 50,0 kg heben könnte.

$E_{\text{pot}} = m \cdot g \cdot h$

$h = \frac{E_{\text{pot}}}{m \cdot g}$

$h = \frac{2245 \cdot 10^3 \text{ J}}{50{,}0 \text{ kg} \cdot 9{,}81 \frac{\text{N}}{\text{kg}}} = 4{,}58 \cdot 10^3 \frac{\text{Nm}}{\text{N}} = 4{,}58 \cdot 10^3 \text{ m} = 4{,}58 \text{ km}$

Mit der Energie einer Tafel Schokolade könnte man einen Körper mit einer Masse von 50,0 kg um 4,58 km hochheben.

b Gib an, wie oft man mit dieser Energie eine 10,0 kg Hantel um 1,20 m anheben könnte.

$E_{\text{pot}} = m \cdot g \cdot h$

$E_{\text{pot}} = 10{,}0 \text{ kg} \cdot 9{,}8 \frac{\text{N}}{\text{kg}} \cdot 1{,}20 \text{ m} = 118 \text{ Nm} = 118 \text{ J}$

$\frac{2245 \cdot 10^3 \text{ J}}{118 \text{ J}} = 19{,}0 \cdot 10^3$

Mit der Energie einer Tafel Schokolade könnte man die Hantel ca. 19 000-mal um 1,2 m anheben.

9 Ein Wagen wird mithilfe einer Elektroseilwinde (S) auf einer Rampe mit konstanter Geschwindigkeit nach oben gezogen (Abbildung rechts).

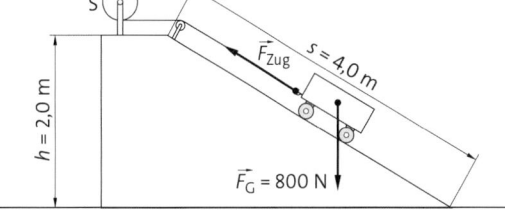

a Berechne die Zugkraft F_{Zug}.

$F_{\text{Zug}} \cdot s = F_G \cdot h$

$F_{\text{Zug}} = \frac{F_G \cdot h}{s}$

$F_{\text{Zug}} = \frac{800 \text{ N} \cdot 2{,}0 \text{ m}}{4{,}0 \text{ m}} = 4{,}0 \cdot 10^2 \text{ N}$

b Die maximale Zugkraft der Seilwinde beträgt 500 N. Berechne, wie lang die Ebene mindestens sein muss.

$F_{\text{Zug}} \cdot s = F_G \cdot h$

$s = \frac{F_G \cdot h}{F_{\text{Zug}}}$

$s = \frac{800 \text{ N} \cdot 2{,}0 \text{ m}}{500 \text{ N}} = 3{,}2 \text{ m}$

Die Ebene muss mindestens 3,2 m lang sein.

Arbeit, Leistung und Wirkungsgrad — Mechanik und Energie

10 Ein Achterbahnwagen ($m = 350$ kg) startet bei A und fährt über B nach C.

a Gib die Energieumwandlungen an, die von A nach B und von B nach C auftreten.

A → B: potenzielle Energie → kinetische Energie
B → C: kinetische Energie → potenzielle Energie

b Gib die kinetische Energie des Wagens in B und in C an. Rechne mit dem Energieerhaltungssatz und vernachlässige die innere Energie.

B: $E_{kin, B} = E_{pot, A} - E_{pot, B}$
    $E_{kin, B} = m \cdot g \cdot (h_A - h_B)$
    $E_{kin, B} = 350 \text{ kg} \cdot 9{,}8 \frac{N}{kg} \cdot 55 \text{ m} = 19 \cdot 10^4 \text{ Nm}$

C: $E_{kin, C} = E_{pot, A} - E_{pot, C}$
    $E_{kin, B} = m \cdot g \cdot (h_A - h_C)$
    $E_{kin, B} = 350 \text{ kg} \cdot 9{,}8 \frac{N}{kg} \cdot 15 \text{ m} = 5{,}1 \cdot 10^4 \text{ Nm}$

Die kinetische Energie des Wagens im Punkt B beträgt 19 · 10 kJ und im Punkt C 51 kJ.

Leistung

11 Beschreibe, wie sich die Leistung verändert, wenn man

a in der Hälfte der Zeit die gleiche Energie überträgt bzw. die gleiche Arbeit verrichtet.
Die Leistung verdoppelt sich.

b in der gleichen Zeit die dreifache Energie überträgt bzw. Arbeit verrichtet.
Die Leistung verdreifacht sich.

12 Beim Treppenlauf im Augsburger Perlachturm müssen die Sportler 261 Stufen und einen Höhenunterschied von 70 m überwinden. Ein Teilnehmer ($m = 72$ kg) benötigt dafür 1:20 min. Berechne seine Leistung.

$P = \frac{E}{t}$

$P = \frac{m \cdot g \cdot h}{t}$

$P = \frac{72 \text{ kg} \cdot 9{,}8 \frac{N}{kg} \cdot 70 \text{ m}}{80 \text{ s}} = 6{,}2 \cdot 10^2 \text{ W}$

13 Zwei Schüler klettern an einer Kletterstange 5,0 m hoch. Schüler A ($m = 46$ kg) benötigt 8,0 s und Schüler B ($m = 53$ kg) schlägt nach 9,0 s oben an. Schüler A bekommt von seinem Sportlehrer die bessere Note, weil er die größere sportliche Leistung erbracht hat. Schüler B hat im Physikunterricht gut aufgepasst und beschwert sich bei seinem Sportlehrer, weil er im physikalischen Sinne die größere Leistung erbracht hat. Erkläre den Unterschied zwischen dem Leistungsbegriff im Sport und in der Physik.
Im Sport hat derjenige die bessere Leistung erbracht, der eine bestimmte Strecke in der kürzeren Zeit zurücklegt. Im physikalischen Sinne hat derjenige die größere Leistung erbracht, der in einer bestimmten Zeit mehr Energie umwandelt bzw. Arbeit verrichtet.

14 Ein Radfahrer benötigt auf einer steilen Bergstraße für eine 1,6 km lange Strecke eine Zeit von 22 min. Dabei überwindet er einen Höhenunterschied von 260 m. Radfahrer und Fahrrad haben zusammen eine Masse von 83 kg.

a Berechne die vom Radfahrer verrichtete Hubarbeit.

$W_H = m \cdot g \cdot h$

$W_H = 83 \text{ kg} \cdot 9{,}8 \frac{N}{kg} \cdot 260 \text{ m} = 21 \cdot 10^4 \text{ Nm} = 21 \cdot 10^4 \text{ J}$

b Berechne die durchschnittliche Leistung des Radfahrers auf diesem Streckenabschnitt.

$P = \frac{E}{t}$

$P = \frac{21 \cdot 10^4 \text{ J}}{60 \cdot 22 \text{ s}} = 1{,}6 \cdot 10^2 \text{ W}$

c Begründe, warum die tatsächliche Leistung des Radfahrers größer als die berechnete Leistung ist.
Auf den Radfahrer wirkt der Luftwiderstand. Durch auftretende Reibungskräfte entsteht ein Rollwiderstand.

15 Die Schneckenpumpe (Schraubenpumpe) einer Kläranlage hat eine Förderleistung von 147 kW. Berechne, wie viel Liter Wasser sie pro Sekunde auf eine Höhe von 6,0 m befördern kann.

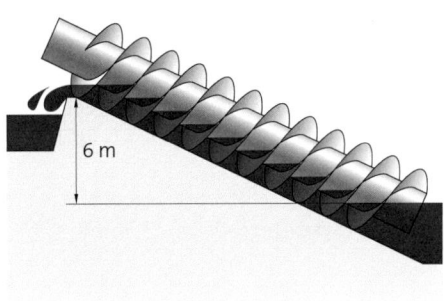

$$P = \frac{E}{t}$$

$$P = \frac{m \cdot g \cdot h}{t}$$

$$m = \frac{P \cdot t}{g \cdot h}$$

$$m = \frac{147 \cdot 10^3 \, \frac{Nm}{s} \cdot 1{,}0 \, s}{9{,}8 \, \frac{N}{kg} \cdot 6{,}0 \, m} = 2{,}5 \cdot 10^3 \, kg$$

Die Pumpe kann pro Sekunde $2{,}5 \cdot 10^3$ Liter Wasser auf eine Höhe von 6,0 m befördern.

16 Ein Auto hat eine Gesamtmasse von 1,2 t und sein Motor hat eine maximale Leistung von 74 kW.

a Berechne, wie lange es mindestens dauert, bis der Wagen einen Höhenunterschied von 100 m überwunden hat.

$$P = \frac{E}{t}$$

$$P = \frac{m \cdot g \cdot h}{t}$$

$$t = \frac{m \cdot g \cdot h}{P}$$

$$t = \frac{1{,}2 \cdot 10^3 \, kg \cdot 9{,}81 \, \frac{N}{kg} \cdot 100 \, m}{74 \cdot 10^3 \, \frac{J}{s}} = 16 \, s$$

b Erkläre, warum das Fahrzeug in Wirklichkeit wesentlich mehr Zeit benötigt, um diesen Höhenunterschied zu überwinden.
Nur ein Teil der vom Motor abgegebenen Energie wird zur Erhöhung der potenziellen Energie des Fahrzeugs verwendet.

17 Der Primärenergieverbrauch betrug im Jahr 2018 in Deutschland $12{,}9 \cdot 10^{18}$ J (für 82,8 Millionen Einwohner). Dieser Energiebedarf soll durch die menschliche Muskelkraft beim Radfahren aufgebracht werden. Ein Radfahrer bringt eine Dauerleistung von 150 W. Berechne, wie viele Radfahrer täglich 10 Stunden arbeiten müssten, um den Energiebedarf von einer Person aufzubringen.

Täglicher Energieverbrauch pro Einwohner:

$$E = \frac{12{,}9 \cdot 10^{18} \, J}{82{,}8 \cdot 10^6 \cdot 365} = 427 \cdot 10^6 \, J$$

Umgewandelte Energie eines Radfahrers in 10 h:

$$E = P \cdot t$$

$$E = 150 \, \frac{J}{s} \cdot 10 \cdot 3600 \, s = 5{,}4 \cdot 10^6 \, J$$

Anzahl der Radfahrer:

$$n = \frac{427 \cdot 10^6 \, J}{5{,}4 \cdot 10^6 \, J} = 79$$

Wirkungsgrad

18 Die Wasserpumpe eines Tiefenbrunnens hat folgende technische Daten:
Fördermenge: $144 \cdot 10^3 \, \frac{L}{h}$
maximale Förderhöhe: 62 m
Leistungsaufnahme: 37 kW

a Berechne die von der Pumpe abgegebene mechanische Leistung.

$$P = \frac{E_{pot}}{t}$$

$$P = \frac{m \cdot g \cdot h}{t}$$

$$P = \frac{144 \cdot 10^3 \, kg \cdot 9{,}8 \, \frac{N}{kg} \cdot 62 \, m}{3600 \, s} = 24 \cdot 10^3 \, \frac{J}{s} = 24 \cdot 10^3 \, W = 24 \, kW$$

b Berechne den Wirkungsgrad der Energieumwandlung.

$$\eta = \frac{P_{nutz}}{P_{zu}}$$

$$\eta = \frac{24 \, kW}{37 \, kW} = 0{,}65 = 65 \, \%$$

Arbeit, Leistung und Wirkungsgrad — Mechanik und Energie — S. 38–57 SB

19 Eine elektrische Seilwinde hebt eine Last mit einer Masse von 80 kg in 18 s um 7,5 m an.

a Berechne die Leistung der Seilwinde.

$$P = \frac{E_{pot}}{t}$$

$$P = \frac{m \cdot g \cdot h}{t}$$

$$P = \frac{80 \text{ kg} \cdot 9{,}8 \frac{N}{kg} \cdot 7{,}5 \text{ m}}{18 \text{ s}} = 3{,}3 \cdot 10^2 \frac{Nm}{s} = 3{,}3 \cdot 10^2 \text{ W}$$

b Die von der Seilwinde aufgenommene Leistung beträgt 500 W. Berechne den Wirkungsgrad der Energieumwandlung.

$$\eta = \frac{P_{nutz}}{P_{zu}}$$

$$\eta = \frac{3{,}3 \cdot 10^2 \text{ W}}{500 \text{ W}} = 0{,}66 = 66\ \%$$

20 Aus einem Stausee fließen pro Sekunde 50 t Wasser zu einem 120 m tiefer gelegenen Wasserkraftwerk.

a Berechne die Leistung, die dem Wasserkraftwerk zugeführt wird.

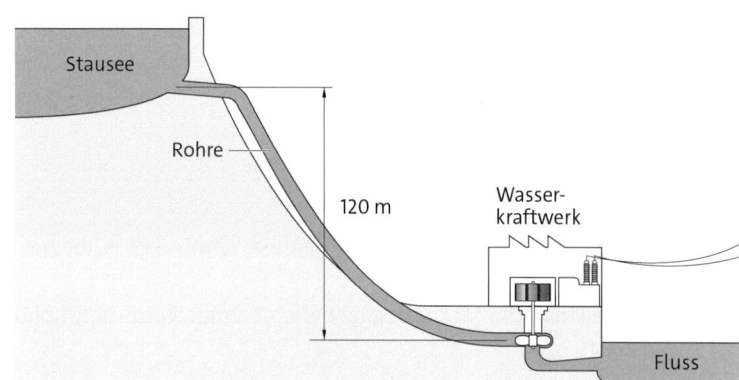

$$P_{zu} = \frac{E_{pot}}{t}$$

$$P_{zu} = \frac{m \cdot g \cdot h}{t}$$

$$P_{zu} = \frac{50 \cdot 10^3 \text{ kg} \cdot 9{,}8 \frac{N}{kg} \cdot 120 \text{ m}}{1{,}0 \text{ s}} = 59 \cdot 10^6 \frac{J}{s}$$

$$P_{zu} = 59 \cdot 10^6 \text{ W} = 59 \text{ MW}$$

Dem Wasserkraftwerk wird eine Leistung von 59 MW zugeführt.

b Der Wirkungsgrad des Kraftwerks beträgt 87 %. Berechne die nutzbare elektrische Leistung.

$$\eta = \frac{P_{nutz}}{P_{zu}}$$

$$P_{nutz} = \eta \cdot P_{zu}$$

$$P_{nutz} = 0{,}87 \cdot 59 \text{ MW} = 51 \text{ MW}$$

Die nutzbare elektrische Leistung des Kraftwerks beträgt 51 MW.

21 Eine Wasserpumpe nimmt eine Leistung von 690 W aus dem Stromnetz auf und hat einen Wirkungsgrad von 71 %. Berechne, wie viel Liter Wasser sie pro Minute durch eine Rohrleitung 10 m nach oben pumpen kann.

$$\eta = \frac{P_{nutz}}{P_{zu}}$$

$$P_{nutz} = \eta \cdot P_{zu}$$

$$P_{nutz} = 0{,}71 \cdot 690 \text{ W} = 4{,}9 \cdot 10^2 \text{ W}$$

$$P_{nutz} = \frac{E_{nutz}}{t}$$

$$E_{nutz} = P_{nutz} \cdot t$$

$$E_{nutz} = 4{,}9 \cdot 10^2 \frac{J}{s} \cdot 60 \text{ s} = 29 \cdot 10^3 \text{ J} = 29 \text{ kJ}$$

$$E_{nutz} = m \cdot g \cdot h$$

$$m = \frac{E_{nutz}}{g \cdot h}$$

$$m = \frac{29 \cdot 10^3 \text{ Nm}}{9{,}8 \frac{N}{kg} \cdot 10 \text{ m}} = 3{,}0 \cdot 10^2 \text{ kg}$$

Die Pumpe kann pro Minute $3{,}0 \cdot 10^2$ Liter Wasser 10 m nach oben pumpen.

22 Aus einem Keller sollen 3500 l Wasser gepumpt werden. Der Höhenunterschied beträgt 2,5 m. Berechne, wie lange das dauert, wenn die Entwässerungspumpe einen Wirkungsgrad von 45 % hat und aus dem Stromnetz eine Leistung von 0,80 kW aufnimmt.

$E_{pot} = m \cdot g \cdot h$

$E_{pot} = 3500 \text{ kg} \cdot 9{,}8 \frac{N}{kg} \cdot 2{,}5 \text{ m} = 86 \cdot 10^3 \text{ N} \cdot \text{m} = 86 \text{ kJ}$

$\eta = \frac{P_{nutz}}{P_{zu}}$

$P_{nutz} = \eta \cdot P_{zu}$

$P_{nutz} = 0{,}45 \cdot 0{,}80 \text{ kW} = 0{,}36 \text{ kW}$

$P = \frac{E}{t}$

$t = \frac{E}{P}$

$t = \frac{86 \text{ kJ}}{0{,}36 \cdot \frac{kJ}{s}} = 2{,}4 \cdot 10^2 \text{ s} = 4{,}0 \text{ min}$

Der Pumpvorgang dauert 4,0 min.

23 Ein „Perpetuum mobile" ist eine Maschine, die ohne Zufuhr von Energie ständig läuft. Gib die in der nebenstehenden Maschine stattfindenden Energieumwandlungen an und begründe, warum die Maschine nach einiger Zeit zum Stillstand kommt. Beginne beim Wasser im oberen Becken.

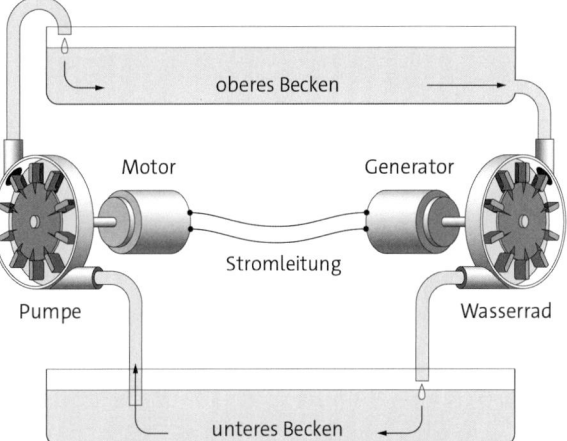

Das Wasser im oberen Becken besitzt potenzielle Energie. Sie wird in dem Rohr in kinetische Energie des Wassers umgewandelt. Das Wasserrad überträgt die kinetische Energie auf den Generator. Der Generator wandelt die kinetische Energie in elektrische Energie um. Diese wird dann über die Stromleitungen zur Wasserpumpe übertragen. In der Wasserpumpe wird die elektrische Energie in kinetische Energie des Wassers umgewandelt und diese schließlich wieder in potenzielle Energie des Wassers. Bei den Energieumwandlungen wird auch immer ein Teil der Energie in innere Energie der Umgebung umgewandelt, welche nicht mehr genutzt werden kann.

24 Ein Flummi (m = 50 g) wird aus 2,5 m Höhe fallen gelassen. Nachdem er den Boden berührt hat, springt er wieder nach oben und erreicht jetzt nur noch eine maximale Höhe von 1,8 m.
a Nenne die dabei auftretenden Energieumwandlungen.
  potenzielle Energie → kinetische Energie → Spannenergie → kinetische Energie → potenzielle Energie
b Bestimme den Wirkungsgrad der Energieumwandlung.

$\eta = \frac{E_{pot, Ende}}{E_{pot, Anfang}}$

$\eta = \frac{m \cdot g \cdot h_{Ende}}{m \cdot g \cdot h_{Anfang}} = \frac{h_{Ende}}{h_{Anfang}}$

$\eta = \frac{1{,}8 \text{ m}}{2{,}5 \text{ m}} = 0{,}72 = 72 \%$

Mechanik – Silbenrätsel — Mechanik und Energie — S. 10–59 SB

1 Bilde aus den vorgegebenen Silben die umschriebenen Wörter ohne Berücksichtigung einer eventuellen Großschreibung. Jede vorgegebene Silbe darf dabei nur einmal verwendet werden. Streiche die jeweils verwendeten Silben durch.

bel – dich – dig – ener – fak – for – ga – ge – ge – gie – grad – he – heit – keit – kraft – kungs – leis – me – mung – new – orts – schwin – te – ton – tor – träg – tung – ver – wichts – wir

(1) _____
Quotient aus Masse und Volumen

(2) _____
Kraft, mit der ein Körper von der Erde angezogen wird

(3) _____
Wirkung einer Kraft

(4) _____
Kraftwandler

(5) _____
Quotient aus zurückgelegter Strecke und dafür benötigter Zeit

(6) _____
Einheit der Kraft

(7) _____
physikalische Größe, deren Einheit 1 Joule ist

(8) _____
Quotient aus Nutzenergie und zugeführter Energie

(9) _____
Eigenschaft aller Körper, ihren Bewegungszustand beizubehalten, solange keine Kraft auf sie wirkt

(10) _____
Vorsatz von Einheiten für 10^6

(11) _____
physikalische Größe, deren Einheit 1 Watt ist

(12) _____
Quotient aus Masse und Gewichtskraft an einem Ort

Mechanik – Silbenrätsel (Lösung) Mechanik und Energie S. 10–59 SB

1 Bilde aus den vorgegebenen Silben die umschriebenen Wörter ohne Berücksichtigung einer eventuellen Großschreibung. Jede vorgegebene Silbe darf dabei nur einmal verwendet werden. Streiche die jeweils verwendeten Silben durch.

bel – dich – dig – ener – fak – for – ga – ge – ge – gie – grad – he – heit – keit – kraft – kungs – leis – me – mung – new – orts – schwin – te – ton – tor – träg – tung – ver – wichts – wir

(1) Dichte
 Quotient aus Masse und Volumen

(2) Gewichtskraft
 Kraft, mit der ein Körper von der Erde angezogen wird

(3) Verformung
 Wirkung einer Kraft

(4) Hebel
 Kraftwandler

(5) Geschwindigkeit
 Quotient aus zurückgelegter Strecke und dafür benötigter Zeit

(6) Newton
 Einheit der Kraft

(7) Energie
 physikalische Größe, deren Einheit 1 Joule ist

(8) Wirkungsgrad
 Quotient aus Nutzenergie und zugeführter Energie

(9) Trägheit
 Eigenschaft aller Körper, ihren Bewegungszustand beizubehalten, solange keine Kraft auf sie wirkt

(10) Mega
 Vorsatz von Einheiten für 10^6

(11) Leistung
 physikalische Größe, deren Einheit 1 Watt ist

(12) Ortsfaktor
 Quotient aus Masse und Gewichtskraft an einem Ort

Innere Energie

S. 62–85 SB

Innere Energie

1 Gib die Energieumwandlungen an, die beim Bohren mit einer Bohrmaschine in Holz auftreten.

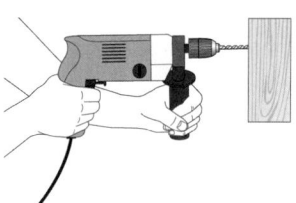

2 Astronauten kehren in Landekapseln zur Erde zurück. Die Landekapseln sind für den Eintritt in die Erdatmosphäre mit einem Hitzeschild ausgestattet. Begründe, warum das notwendig ist, obwohl die Luft in diesen Höhen sehr tiefe Temperaturen hat.

3 Gib jeweils an, durch welche Art der Energieübertragung der Körper sich erwärmt. Welche Veränderungen bewirkt die Zunahme der inneren Energie jeweils?
 a Ein kalter Löffel wird in eine Tasse mit heißem Tee gehalten.
 b Die Bremsbeläge eines Fahrrads reiben beim Bremsen auf der Bremsscheibe (beziehungsweise auf der Felge).
 c Eine schwarze, mit Wasser gefüllte Kunststoffflasche liegt in der Sonne.
 d Ein Eiswürfel schmilzt in einem Glas mit Saft.

4 Ein Topf mit Suppe wird auf einem Herd erwärmt. Erkläre an diesem Beispiel, was man unter Wärme versteht.

5 Ein Eisbecher steht in der Sonne.
 a Gib an, wie die Energieübertragung auf das Eis erfolgt.
 b Nenne die Veränderungen, die die Zunahme der inneren Energie des Eises bewirkt.
 c Erkläre die Veränderungen mit dem Teilchenmodell.

6 Erkläre, warum die Temperatur ein Maß für die mittlere kinetische Energie aller Teilchen eines Körpers ist.

7 Beschreibe die durch die Änderung der inneren Energie erfolgten Veränderungen jeweils mit dem Teilchenmodell.
 a Eine Stahlkugel wird in einer Flamme erwärmt.
 b Die Luft in einer verschlossenen Glasflasche wird durch die Sonnenstrahlung erwärmt.
 c Eis schmilzt.
 d Eine Flüssigkeit verdampft. Dabei steigt ihre Temperatur nicht an.
 e Durch Reibung erhöht sich die Temperatur eines Körpers.

8 Ergänze jeweils einen der Begriffe *Temperatur*, *Wärme* und *innere Energie*.
 a Eine Tasse mit heißem Tee enthält ?.
 b Eine heiße Kochplatte gibt ? an einen Topf mit kaltem Wasser ab.
 c Die ? im Raum sollte mindestens 18 °C betragen.
 d Ein heißer Heizkörper sendet ? aus.
 e Die ? des Wassers ist noch zu niedrig.
 f Beim Schmelzen von Eis erhöht sich dessen ?.

9 Warum findet man auf den meisten Spraydosen den Warnhinweis „Vor Sonneneinstrahlung und Temperaturen über 50 °C schützen"? Begründe den Hinweis physikalisch.

10 Ein Eisenring wird in einer Flamme erwärmt. Wie verändert sich dabei der Innendurchmesser des Rings? Erkläre.
 A Der Innendurchmesser wird kleiner.
 B Der Innendurchmesser bleibt gleich.
 C Der Innendurchmesser wird größer.

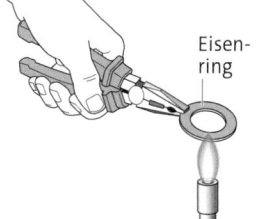

Eisenring

Innere Energie — Wärmelehre — S. 62–85 SB

Temperatur

11 In der nebenstehenden Abbildung ist ein selbst gebautes Thermoskop dargestellt.
a Gib die beiden Temperaturfixpunkte an, die man für die Festlegung der Celsiusskala verwendet.
b Beschreibe, wie man die beiden Fixpunkte erhält.
c Erkläre, wie man für das Thermoskop mithilfe der beiden Temperaturfixpunkte eine Celsiusskala erstellen kann.
d Nenne eine Möglichkeit, wie man den Messbereich des Thermoskops vergrößern kann.

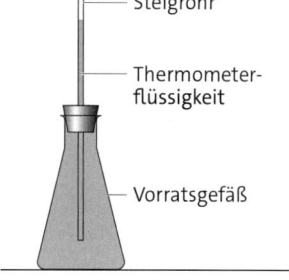

12 Die beiden Thermoskope in den Abbildungen A und B sind jeweils mit der gleichen Thermometerflüssigkeit gefüllt. Begründe jeweils, mit welchem Thermoskop man genauer messen kann, wenn man an ihm eine geeichte Skala anbringt.

A  B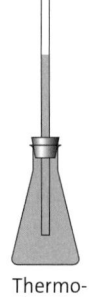

Thermoskop 1 — Thermoskop 2 — Thermoskop 1 — Thermoskop 2

13 Die weniger als einen Millimeter großen Bärentierchen können selbst unter extremsten Bedingungen überleben. Die niedrigste Temperatur, die ein Bärentierchen je überstanden hat, beträgt –272 °C und die höchste Temperatur 151 °C.
Berechne die Temperaturdifferenz unter Verwendung der entsprechenden Symbole.

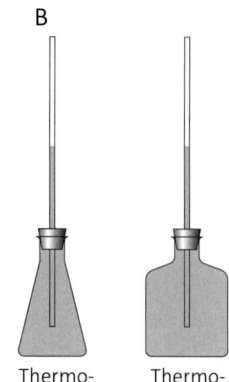

14 Gib für folgende Einsatzzwecke jeweils ein geeignetes Thermometer an. Verwende unterschiedliche Arten von Thermometern:
a Messung der Fleischtemperatur beim Grillen
b Messung der Oberflächentemperatur einer Kochplatte
c Messung der Außentemperatur vor einer Berghütte
d Messung der Temperatur in einem Gefrierschrank

15 Ergänze die fehlenden Temperaturangaben.

	ϑ in °C	T in K
Körpertemperatur des Menschen	37	?
Siedetemperatur von Stickstoff	?	77

16 In Bayern wurde die bisher höchste Temperatur 2015 in Kitzingen mit 40,3 °C und die tiefste Temperatur 1929 in Wolnzach mit –37,8 °C offiziell gemessen (Stand 2019).
Bestimme die Temperaturdifferenz zwischen den beiden Temperaturwerten in den Einheiten Grad Celsius und Kelvin. Runde bei der Temperatur in Kelvin auf eine ganze Zahl.

Innere Energie — Wärmelehre — S. 62–85 SB

17 In den USA werden Temperaturen in der Einheit Grad Fahrenheit angegeben. In der nebenstehenden Abbildung ist ein Thermometer zu sehen, auf dem die Temperatur in Grad Celsius und in Grad Fahrenheit abgelesen werden kann.
a Lies die aktuelle Temperatur in °C und °F ab.
b Gib die Temperatur an, bei der die Fahrenheitskala denselben Zahlenwert anzeigt wie die Celsiusskala.
c Gib die beiden Temperaturfixpunkte der Fahrenheitskala (0 °F und 96 °F) in der Einheit °C an. Lies die Werte aus der Abbildung ab.
d Gib die Temperaturdifferenz in °F an, die einer Temperaturdifferenz von 10 °C entspricht.
e Gib die beiden Temperaturfixpunkte der Celsiusskala in Grad Fahrenheit an.

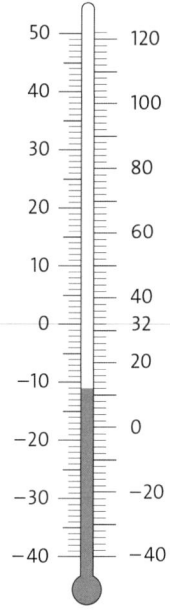

Längen- und Volumenänderung

18 Für drei Metallstäbe mit einer Anfangslänge von 0,75 m wurde der Zusammenhang zwischen der Längenänderung und der Temperaturänderung untersucht. Die Messwerte sind im nebenstehenden Diagramm dargestellt.
a Bestimme anhand des Diagramms, wie groß die Längenänderung des Aluminiumstabs nach Erwärmung um 25 °C ist.
Vergleiche mit der Längenänderung des Eisenstabs.
b Gib an, wie groß der Längenunterschied zwischen dem Aluminiumstab und dem Kupferstab nach Erwärmung um 25 °C ist.

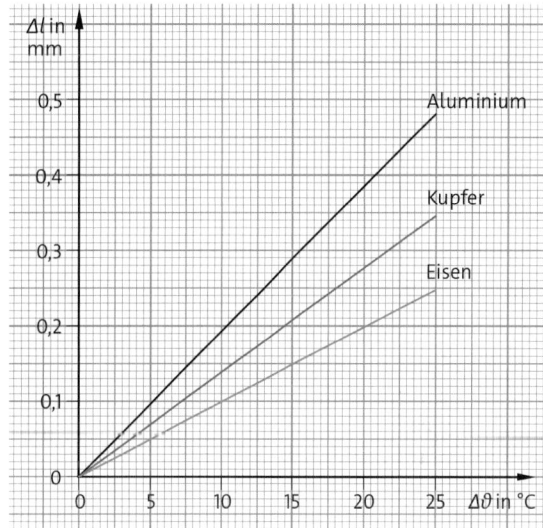

19 In einem Versuch wurde für ein Messingrohr mit der Länge $l_0 = 0{,}75$ m der Zusammenhang zwischen der Längenänderung Δl und der Temperaturänderung $\Delta \vartheta$ untersucht. Dabei ergaben sich folgende Messwerte:

$\Delta \vartheta$ in °C	0	8	13	18	23	28
Δl in mm	0	0,11	0,19	0,25	0,31	0,38

a Werte die Messreihe rechnerisch aus.
b Stelle die Abhängigkeit der Längenänderung von der Temperaturänderung in einem Diagramm grafisch dar. Formuliere das Ergebnis des Versuchs.
c Im nebenstehendem Diagramm ist die Auswertung eines weiteren Versuchs dargestellt. Dabei wurde der Zusammenhang zwischen Längenänderung Δl und Anfangslänge l_0 bei konstanter Temperaturänderung untersucht.
Formuliere das Ergebnis dieses Versuchs.
Ergänze den folgenden Satz:
Bei doppelter Anfangslänge ist die Längenänderung ? so groß.

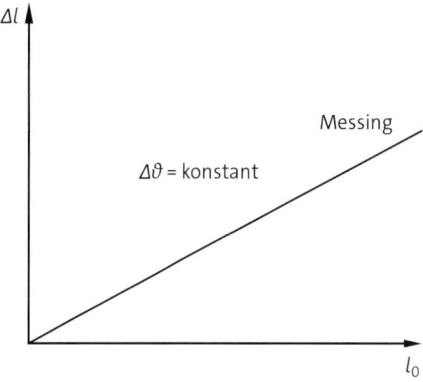

Innere Energie — Wärmelehre

20 Für Olivenöl wurde die Abhängigkeit der Volumenänderung ΔV von der Temperaturänderung Δϑ untersucht. Bei einem Anfangsvolumen von 270,0 ml ergaben sich folgende Messwerte:

Δϑ in °C	0	9	19	28	37	46
V in cm³	270,0	271,7	273,8	275,4	277,3	278,9
ΔV in cm³	0	1,7	?	?	?	?
?	?	?	?	?	?	?

a Übertrage die Tabelle in dein Heft, berechne die fehlenden Volumenänderungen bezüglich des Anfangsvolumens und trage die Werte in die dritte Zeile ein.
b Überprüfe rechnerisch, ob die Volumenänderung direkt proportional zu Temperaturänderung ist. Trage die Werte in die vierte Zeile der Tabelle ein.

21 Der Eiffelturm (Höhe: 324 m) ist im Winter einige Zentimeter kleiner als im Sommer.
Berechne die Längendifferenz zwischen einem heißen Sommertag (ϑ = 30 °C) und einem kalten Wintertag (ϑ = −10 °C).
Hinweis: Ein 1,0000 m langer Eisenstab dehnt sich bei Erwärmung um 10 °C um 0,12 mm aus.

22 Zwei Bimetallstreifen werden mit einer Kerze erwärmt.

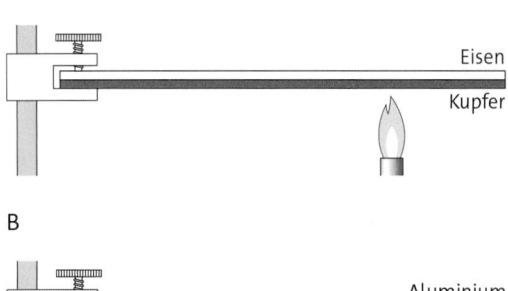

Material	Δl in mm
Aluminium	0,24
Eisen	0,12
Kupfer	0,17
Zink	0,26

Längenänderung von 1 m langen Stäben bei Δϑ = 10 °C

a Gib jeweils an, in welche Richtung sich der Bimetallstreifen krümmt. Begründe.
b Bei welchem der beiden Bimetallstreifen ist die Krümmung bei gleicher Temperaturerhöhung und gleicher Länge größer? Begründe.

23 Der in der nebenstehenden Skizze dargestellte Bimetallschalter soll bei Abkühlung den Kontakt schließen. Gib zwei mögliche Metalle A und B an und begründe deine Entscheidung.

24 In einem Bügeleisen befindet sich ein Bimetallstreifen zur Temperaturregelung (siehe nebenstehende Skizze).
a Das Bimetall soll bei Erwärmung den Kontakt öffnen. Welches der beiden Metalle A und B muss sich bei Temperaturerhöhung stärker ausdehnen? Begründe.
b Mit dem Temperaturregler kann man die Lage des unteren Kontakts verändern. Beschreibe, welchen Einfluss es auf die Bügeltemperatur hat, wenn man den unteren Kontakt etwas nach unten drückt.

Innere Energie — Wärmelehre

25 Heizöllieferungen werden nach der abgegebenen Menge (Volumen) in Litern berechnet. Dabei ist gesetzlich vorgeschrieben, das Volumen (Abgabemenge) auf das Volumen bei einer Temperatur von 15 °C umzurechnen.
a Begründe die Notwendigkeit dieser Vorschrift physikalisch.
b Erläutere, wann es günstiger wäre, Heizöl zu kaufen, wenn diese Vorschrift nicht existieren würde: im Sommer oder im Winter.
c Eine Tankfüllung von 3500 l Heizöl hat bei einer Temperatur von 15 °C eine Masse von 3,0 t. 100 l Heizöl dehnen sich bei Erwärmung von 15 °C auf 25 °C um 0,84 l aus.
Gib die Volumenzunahme von 3500 l Heizöl bei Erwärmung von 15 °C auf 25 °C an.
Berechne den Preisunterschied, der sich für 3,0 t Heizöl bei Erwärmung auf 25 °C ergeben würde. Rechne mit einem Preis von 75 € pro 100 l.

Anomalien des Wassers

26 Das folgende Diagramm wurde beim Abkühlen von Wasser aufgenommen:

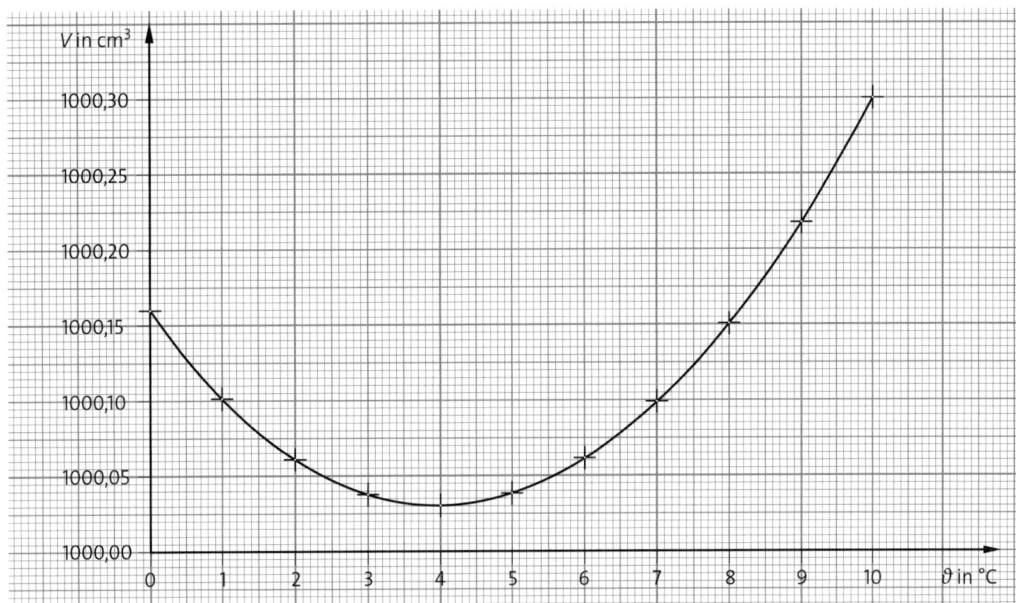

a Nenne den im Diagramm dargestellten Zusammenhang.
b Interpretiere den Verlauf des Graphen. Beginne bei 10 °C.
c Beschreibe die Besonderheit, die die Einteilung der V-Achse aufweist.
d Bestimme anhand des Diagramms, wie groß die Volumendifferenz zwischen 0 °C und 4 °C ist.

27 Gib an, welche der folgenden Aussagen richtig sind. Korrigiere die falschen Aussagen.
A Wasser hat bei 4 °C seine kleinste Dichte.
B Wasser dehnt sich beim Erstarren aus.
C Eis von 0 °C hat eine größere Dichte als Wasser von 0 °C.
D 1 Liter Wasser von 3 °C ist schwerer als 1 Liter Wasser von 1 °C.
E Wasser zieht sich beim Erwärmen von 0 °C auf 4 °C zusammen.
F 1 Liter Wasser von 4 °C ist leichter als 1 Liter Wasser von 8 °C.

Innere Energie (mit Lösungen)

S. 62–85 SB

Innere Energie

1 Gib die Energieumwandlungen an, die beim Bohren mit einer Bohrmaschine in Holz auftreten.
In der Bohrmaschine wird elektrische Energie in kinetische Energie (bzw. Rotationsenergie) umgewandelt. Die kinetische Energie des Bohrers wird in innere Energie des Holzes umgewandelt.

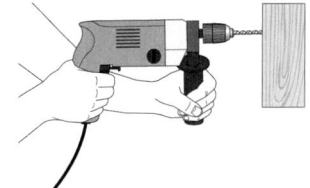

2 Astronauten kehren in Landekapseln zur Erde zurück. Sie sind für den Eintritt in die Erdatmosphäre mit einem Hitzeschild ausgestattet. Begründe, warum das notwendig ist, obwohl die Luft in diesen Höhen sehr tiefe Temperaturen hat.
Die Landekapsel dringt mit hoher Geschwindigkeit in die Erdatmosphäre ein. Dabei kommt es durch Reibung zwischen der Kapsel und der Luft zu starker Erwärmung. Außerdem wird die Luft vor der Kapsel durch Verdichtung sehr stark erwärmt. Dadurch steigt die Temperatur des Hitzeschilds stark an.

3 Gib jeweils an, durch welche Art der Energieübertragung der Körper sich erwärmt. Nenne jeweils die Veränderungen, die die Zunahme der inneren Energie bewirkt.
a Ein kalter Löffel wird in eine Tasse mit heißem Tee gehalten.
Thermische Energieübertragung durch Berührung mit dem heißen Tee
Veränderung: Die Temperatur des Löffels nimmt zu.
b Die Bremsbeläge eines Fahrrads reiben beim Bremsen auf der Bremsscheibe (beziehungsweise auf der Felge).
Mechanische Energieübertragung durch Reibung
Veränderungen: Die Temperatur und das Volumen der Bremsscheiben nehmen zu.
c Eine schwarze, mit Wasser gefüllte Kunststoffflasche liegt in der Sonne.
Thermische Energieübertragung durch Wärmestrahlung
Veränderungen: Die Temperatur des Wassers und der Druck in der Flasche nehmen zu.
d Ein Eiswürfel schmilzt in einem Glas mit Saft.
Thermische Energieübertragung durch Berührung mit dem Saft
Veränderungen: Die Temperatur und der Aggregatzustand des Eises ändern sich.

4 Ein Topf mit Suppe wird auf einem Herd erwärmt. Erkläre an diesem Beispiel, was man unter Wärme versteht.
Die Wärme gibt an, wie viel Energie von der Herdplatte auf den Topf und die Suppe thermisch übertragen wird.

5 Ein Eisbecher steht in der Sonne.
a Gib an, wie die Energieübertragung auf das Eis erfolgt.
Die Energieübertragung erfolgt durch Strahlung und Berührung mit der Luft (thermisch).
b Nenne die Veränderungen, die die Zunahme der inneren Energie des Eises bewirkt.
Temperaturzunahme, Volumenzunahme und Aggregatzustandsänderung
c Erkläre die Veränderungen mit dem Teilchenmodell.
Die Teilchen bewegen sich schneller und benötigen mehr Platz. Der mittlere Abstand zwischen ihnen nimmt zu. Bei der Aggregatzustandsänderung ändern sich die Anordnung und der Zusammenhalt zwischen den Teilchen.

6 Erkläre, warum die Temperatur ein Maß für die mittlere kinetische Energie aller Teilchen eines Körpers ist.
Je höher die Temperatur eines Körpers ist, umso schneller bewegen sich seine Teilchen. Ihre mittlere kinetische Energie nimmt zu.

Innere Energie — Wärmelehre — S. 62–85 SB

7 Beschreibe die durch die Änderung der inneren Energie erfolgten Veränderungen jeweils mit dem Teilchenmodell.

a Eine Stahlkugel wird in einer Flamme erwärmt.
Bei der Erwärmung wird Energie auf die Kugel übertragen. Dadurch bewegen sich die Teilchen heftiger an ihren Plätzen hin und her. Sie benötigen mehr Platz. Der mittlere Abstand zwischen ihnen wird größer. Temperatur und Volumen der Kugel nehmen zu.

b Die Luft in einer verschlossenen Glasflasche wird durch die Sonnenstrahlung erwärmt.
Die Geschwindigkeit der Luftteilchen in der Flasche nimmt zu. Dadurch erhöhen sich die Kräfte, die die Teilchen von innen auf die Flasche ausüben.

c Eis schmilzt.
Beim Schmelzen wird die regelmäßige Anordnung der Teilchen aufgelöst.

d Eine Flüssigkeit verdampft. Dabei steigt ihre Temperatur nicht an.
Beim Verdampfen wird der Zusammenhalt zwischen den Teilchen aufgelöst. Sie bewegen sich jetzt frei und unabhängig voneinander.

e Durch Reibung erhöht sich die Temperatur eines Körpers.
Durch die Reibung wird Energie auf die Teilchen an der Oberfläche des Körpers übertragen. Dadurch bewegen sie sich heftiger an ihren Plätzen hin und her. Diese stärkeren Schwingungen werden auf benachbarte Teilchen übertragen und von dort auf weiter entfernte Teilchen. Die mittlere Geschwindigkeit der Teilchen des Körpers nimmt zu.

8 Ergänze jeweils einen der Begriffe *Temperatur*, *Wärme* und *innere Energie*.

a Eine Tasse mit heißem Tee enthält **innere Energie**.
b Eine heiße Kochplatte gibt **Wärme** an einen Topf mit kaltem Wasser ab.
c Die **Temperatur** im Raum sollte mindestens 18 °C betragen.
d Ein heißer Heizkörper sendet **Wärmestrahlung** aus.
e Die **Temperatur** des Wassers ist noch zu niedrig.
f Beim Schmelzen von Eis erhöht sich dessen **innere Energie**.

9 Warum findet man auf den meisten Spraydosen den Warnhinweis „Vor Sonneneinstrahlung und Temperaturen über 50 °C schützen"? Begründe.
Wenn die Spraydose in der Sonne liegt oder hohen Temperaturen ausgesetzt ist, wird durch Strahlung Energie auf die Spraydose übertragen. Dadurch steigen Temperatur und Druck im Inneren der Dose an. In der Dose befinden sich leicht entzündliche Lösungs- oder Treibmittel. Diese können sich entzünden und zur Explosion der Dose führen.

10 Ein Eisenring wird in einer Flamme erwärmt. Wie verändert sich dabei der Innendurchmesser des Rings? Erkläre.
A ~~Der Innendurchmesser wird kleiner.~~
B ~~Der Innendurchmesser bleibt gleich.~~
C Der Innendurchmesser des Rings wird beim Erwärmen größer, da sich die Abstände zwischen den Teilchen am inneren Rand des Rings beim Erwärmen vergrößern.

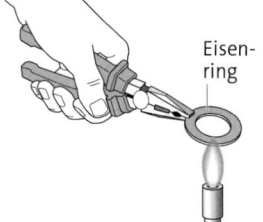
Eisenring

Innere Energie — Wärmelehre — S. 62–85 SB

Temperatur

11 In der nebenstehenden Abbildung ist ein selbst gebautes Thermoskop dargestellt.

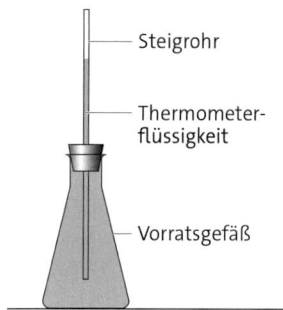

a Gib die beiden Temperaturfixpunkte an, die man für die Festlegung der Celsiusskala verwendet.
Unterer Fixpunkt: Schmelztemperatur von Eis, 0 °C
Oberer Fixpunkt: Siedetemperatur von Wasser, 100 °C

b Beschreibe, wie man die beiden Fixpunkte erhält.
Das Thermoskop wird in eine Eis-Wasser-Mischung gestellt. Wenn sich die Höhe der Flüssigkeitssäule nicht mehr verändert, wird deren Stand markiert und mit 0 °C bezeichnet. Anschließend wird das Thermoskop in siedendes Wasser eingetaucht. Wenn sich die Höhe der Flüssigkeitssäule nicht mehr ändert, wird deren Stand markiert und mit 100 °C bezeichnet.

c Erkläre, wie man für das Thermoskop mithilfe der beiden Temperaturfixpunkte eine Celsiusskala erstellen kann.
Der Abstand zwischen der Schmelztemperatur von (Eis) und der Siedetemperatur von Wasser (Fundamentalabstand) wird in 100 gleiche Teile eingeteilt. Ein Teil ist 1 °C.

d Nenne eine Möglichkeit, wie man den Messbereich des Thermoskops vergrößern kann.
Den Messbereich kann man durch folgende Maßnahmen vergrößern:
• Verwendung eines Steigrohrs mit einem größeren Innendurchmesser
• Verwendung eines längeren Steigrohrs
• Verwendung einer Thermometerflüssigkeit, die sich weniger stark ausdehnt
Dabei muss man aber beachten, dass der Messbereich eines Flüssigkeitsthermometers durch die Gefrier- und Siedetemperatur der Thermometerflüssigkeit begrenzt wird.

12 Die beiden Thermoskope in den Abbildungen A und B sind jeweils mit der gleichen Thermometerflüssigkeit gefüllt. Begründe jeweils, mit welchem Thermoskop man genauer messen kann, wenn man an ihm eine geeichte Skala anbringt.

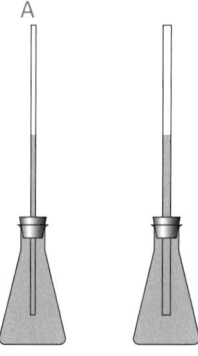
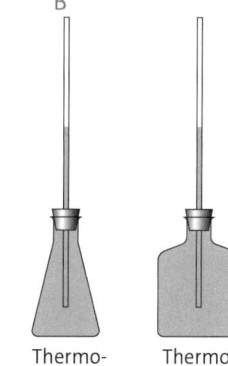
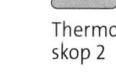

A Mit dem Thermoskop 1 kann man genauer messen, da dessen Steigrohr einen geringeren Innendurchmesser hat und dadurch die Flüssigkeitssäule bei gleicher Temperaturänderung höher steigt.

B Mit dem Thermoskop 2 kann man genauer messen, da dessen Vorratsgefäß mehr Flüssigkeit enthält und dadurch die Flüssigkeitssäule bei gleicher Temperaturänderung höher steigt.

13 Die weniger als einen Millimeter großen Bärentierchen können selbst unter extremsten Bedingungen überleben. Die niedrigste Temperatur, die ein Bärentierchen je überstanden hat, beträgt –272 °C und die höchste Temperatur 151 °C.
Berechne die Temperaturdifferenz unter Verwendung der entsprechenden Symbole.
$\Delta\vartheta = \vartheta_2 - \vartheta_1$; $\Delta\vartheta = 151$ °C $- (-272$ °C$) = 423$ °C

14 Gib für folgende Einsatzzwecke jeweils ein geeignetes Thermometer an. Verwende unterschiedliche Arten von Thermometern:
a Messung der Fleischtemperatur beim Grillen: **elektrisches Thermometer**
b Messung der Oberflächentemperatur einer Kochplatte: **Strahlungsthermometer**
c Messung der Außentemperatur vor einer Berghütte: **Flüssigkeitsthermometer**
d Messung der Temperatur in einem Gefrierschrank: **Bimetallthermometer**

15 Ergänze die fehlenden Temperaturangaben.

	ϑ in °C	T in K
Körpertemperatur des Menschen	37	310
Siedetemperatur von Stickstoff	–196	77

Innere Energie — Wärmelehre — S. 62–85 SB

16 In Bayern wurde die bisher höchste Temperatur 2015 in Kitzingen mit 40,3 °C und die tiefste Temperatur 1929 in Wolnzach mit −37,8 °C gemessen (Stand 2019).
Bestimme die Temperaturdifferenz zwischen den beiden Temperaturwerten in den Einheiten Grad Celsius und Kelvin. Runde bei der Temperatur in Kelvin auf ganze Grad.

$\Delta\vartheta = \vartheta_2 - \vartheta_1$

$\Delta\vartheta = 40{,}3\ °C - (-37{,}8\ °C) = 78{,}1\ °C$

$\Delta T = T_2 - T_1$

$\Delta T = 313{,}5\ K - 235{,}4\ K = 78{,}1\ K$

17 In den USA werden Temperaturen in der Einheit Grad Fahrenheit angegeben. In der nebenstehenden Abbildung ist ein Thermometer zu sehen, auf dem die Temperatur in Grad Celsius und in Grad Fahrenheit abgelesen werden kann.

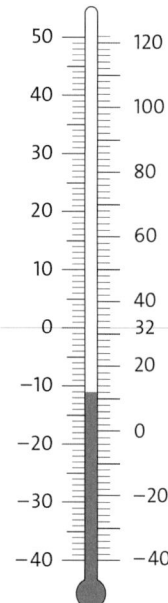

a Lies die aktuelle Temperatur in °C und °F ab.
Die aktuelle Temperatur ist −11 °C und 12 °F.

b Gib die Temperatur an, bei der die Fahrenheitskala denselben Zahlenwert anzeigt wie die Celsiusskala.
Bei der Temperatur von −40 °F = −40 °C wird derselbe Zahlenwert angezeigt.

c Gib die beiden Temperaturfixpunkte der Fahrenheitskala (0 °F und 96 °F) in der Einheit °C an. Lies die Werte aus der Abbildung ab.
0 °F ≙ −18 °C und 100 °F ≙ 38 °C

d Gib die Temperaturdifferenz in °F an, die einer Temperaturdifferenz von 10 °C entspricht.
0 °C ≙ 32 °F und 10 °C ≙ 50 °F

$\Delta\vartheta = 10\ °C;\ \Delta\vartheta = 18\ °F$

e Gib die beiden Temperaturfixpunkte der Celsiusskala in Grad Fahrenheit an.
Celsiusskala: 0 °C; Fahrenheitskala: 32 °F
Celsiusskala: 100 °C; Fahrenheitskala: 212 °F
Rechnung: 32 °F + 10 · 18 °F = 212 °F

Längen- und Volumenänderung

18 Für drei Metallstäbe mit einer Anfangslänge von 0,75 m wurde der Zusammenhang zwischen der Längenänderung und der Temperaturänderung untersucht. Die Messwerte sind im nebenstehenden Diagramm dargestellt.

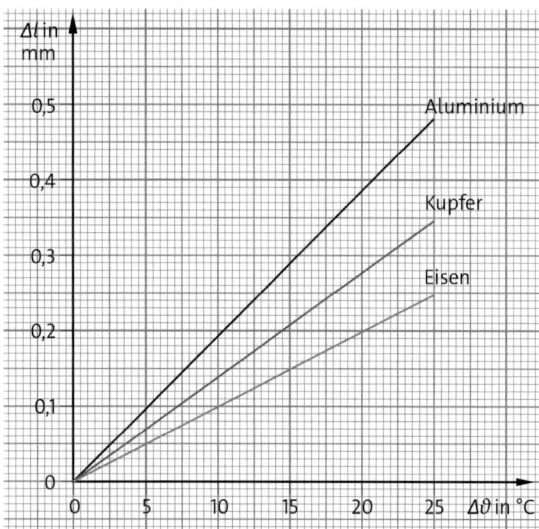

a Bestimme anhand des Diagramms, wie groß die Längenänderung des Aluminiumstabs nach Erwärmung um 25 °C ist.
Vergleiche mit der Längenänderung des Eisenstabs.
Die Längenänderung des Aluminiumstabs bei einer Temperaturänderung um 25 °C beträgt 0,45 mm. Die Längenänderung des Eisenstabs ist nur halb so groß wie die Längenänderung des Aluminiumstabs.

b Gib an, wie groß der Längenunterschied zwischen dem Aluminiumstab und dem Kupferstab nach Erwärmung um 25 °C ist.
Längenänderung des Kupferstabs: 0,32 mm
Längenunterschied zwischen Aluminiumstab und Kupferstab: 0,13 mm

Innere Energie — Wärmelehre — S. 62–85 SB

19 In einem Versuch wurde für ein Messingrohr mit der Länge $l_0 = 0{,}75$ m der Zusammenhang zwischen der Längenänderung Δl und der Temperaturänderung $\Delta\vartheta$ untersucht. Dabei ergaben sich folgende Messwerte:

a Werte die Messreihe rechnerisch aus.

$\Delta\vartheta$ in °C	0	8	13	18	23	28
Δl in mm	0	0,11	0,19	0,25	0,31	0,38
$\dfrac{\Delta l}{\Delta\vartheta}$ in $\dfrac{mm}{°C}$	–	0,01	0,015	0,014	0,013	0,014

b Stelle die Abhängigkeit der Längenänderung von der Temperaturänderung in einem Diagramm grafisch dar. Formuliere das Ergebnis des Versuchs.

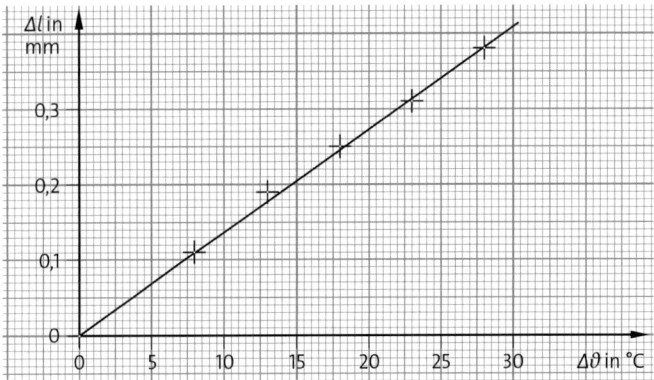

Ergebnis: **Die Längenänderung ist direkt proportional zur Temperaturänderung.**

c Im nebenstehendem Diagramm ist die Auswertung eines weiteren Versuchs dargestellt. Dabei wurde der Zusammenhang zwischen Längenänderung Δl und Anfangslänge l_0 bei konstanter Temperaturänderung untersucht.
Formuliere das Ergebnis dieses Versuchs.
Ergebnis: **Die Längenänderung ist direkt proportional zur Anfangslänge.**
Ergänze den folgenden Satz:
Bei doppelter Anfangslänge ist die Längenänderung **doppelt** so groß

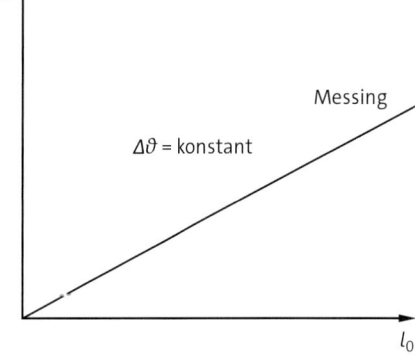

20 Für Olivenöl wurde die Abhängigkeit der Volumenänderung ΔV von der Temperaturänderung $\Delta\vartheta$ untersucht. Bei einem Anfangsvolumen von 270,0 ml ergaben sich folgende Messwerte:

a Übertrage die Tabelle in dein Heft, berechne die fehlenden Volumenänderungen bezüglich des Anfangsvolumens und trage die Werte in die dritte Zeile ein.

b Überprüfe rechnerisch, ob die Volumenänderung direkt proportional zu Temperaturänderung ist. Trage die Werte in die vierte Zeile der Tabelle ein.

$\Delta\vartheta$ in °C	0	9	19	28	37	46
V in cm³	270,0	271,7	273,8	275,4	277,3	278,9
ΔV in cm³	0	1,7	3,8	5,4	7,3	8,9
$\dfrac{\Delta V}{\Delta\vartheta}$ in $\dfrac{cm^3}{°C}$	–	0,2	0,20	0,19	0,20	0,19

Die Volumenänderung ist proportional zur Temperaturänderung, da der Quotient der Messwertpaare immer gleich groß ist.

Innere Energie — **Wärmelehre**

21 Der Eiffelturm (Höhe: 324 m) ist im Winter einige Zentimeter kleiner als im Sommer.
Berechne die Längendifferenz zwischen einem heißen Sommertag (ϑ = 30 °C) und einem kalten Wintertag (ϑ = –10 °C).
Hinweis: Ein 1,0000 m langer Eisenstab dehnt sich bei Erwärmung um 10 °C um 0,12 mm aus.

Längenänderung Δl = 324 · 0,12 mm · 4 = 16 · 10 mm = 16 cm

Die Längendifferenz beträgt 16 cm.

22 Zwei Bimetallstreifen werden mit einer Kerze erwärmt.

A

B
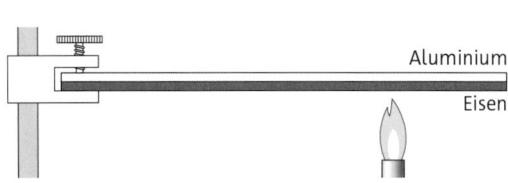

Material	Δl in mm
Aluminium	0,24
Eisen	0,12
Kupfer	0,17
Zink	0,26

Längenänderung von 1 m langen Stäben bei $\Delta\vartheta$ = 10 °C

a Gib jeweils an, in welche Richtung sich der Bimetallstreifen krümmt. Begründe.
A Das Bimetall biegt sich nach oben.
  Der Kupferstreifen dehnt sich mehr aus als der Eisenstreifen.
B Das Bimetall biegt sich nach unten.
  Der Aluminiumstreifen dehnt sich mehr aus als der Eisenstreifen.

b Bei welchem der beiden Bimetallstreifen ist die Krümmung bei gleicher Temperaturerhöhung und gleicher Länge größer? Begründe.
Der Bimetallstreifen B krümmt sich mehr als der Bimetallstreifen A, da die Längenänderung von Aluminium größer ist als von Kupfer.

23 Der in der nebenstehenden Skizze dargestellte Bimetallschalter soll bei Abkühlung den Kontakt schließen. Gib zwei mögliche Metalle A und B an und begründe deine Entscheidung.
Bedingung: Metall B muss sich mehr ausdehnen als Metall A.
Mögliche Metalle: A – Eisen; B – Aluminium
Begründung: Damit der Kontakt geschlossen wird, muss sich Metall B stärker zusammenziehen als Metall A. Das Metall, das sich bei Erwärmung stärker ausdehnt, zieht sich auch bei Abkühlung stärker zusammen.

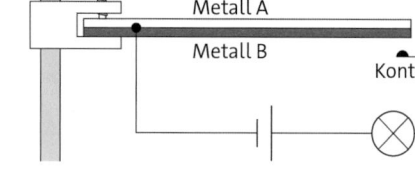

24 In einem Bügeleisen befindet sich ein Bimetallstreifen zur Temperaturregelung (siehe nebenstehende Skizze).

a Das Bimetall soll bei Erwärmung den Kontakt öffnen. Welches der beiden Metalle A und B muss sich bei Temperaturerhöhung stärker ausdehnen? Begründe.
Metall B muss sich bei Erwärmung stärker ausdehnen als Metall A, da sich der Streifen dann bei Erwärmung nach oben biegt und den Kontakt öffnet.

b Mit dem Temperaturregler kann man die Lage des unteren Kontakts verändern. Beschreibe, welchen Einfluss es auf die Bügeltemperatur hat, wenn man den unteren Kontakt etwas nach unten drückt.
Der Kontakt wird jetzt bei einer niedrigeren Temperatur geöffnet. Die Heizung ist damit nicht mehr so lange in Betrieb, das Bügeleisen wird nicht mehr so heiß (niedrigere Heizstufe).

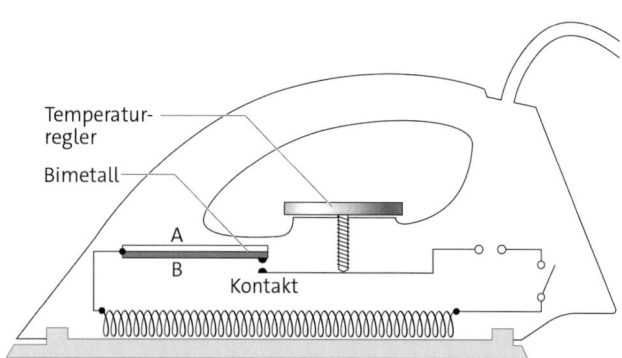

Innere Energie — Wärmelehre — S. 62–85 SB

25 Heizöllieferungen werden nach der abgegebenen Menge (Volumen) in Litern berechnet. Dabei ist gesetzlich vorgeschrieben, das Volumen (Abgabemenge) auf das Volumen bei einer Temperatur von 15 °C umzurechnen.

a Begründe die Notwendigkeit dieser Vorschrift physikalisch.
Flüssigkeiten (z. B. Heizöl) dehnen sich beim Erwärmen aus und ziehen sich beim Abkühlen zusammen. 1 kg Heizöl hat im Sommer (bei z. B. 25 °C) ein größeres Volumen als im Winter (bei z. B. –5 °C). Ohne Umrechnung des Volumens würde man je nach Temperatur für die gleiche Masse (Energiemenge) unterschiedliche Preise bezahlen.

b Erläutere, wann es günstiger wäre, Heizöl zu kaufen, wenn diese Vorschrift nicht existieren würde: im Sommer oder im Winter.
Die gleiche Masse an Heizöl hat im Sommer (bei z. B. 25 °C) ein größeres Volumen als im Winter (bei z. B. –5 °C). Wir würden also im Sommer für die gleiche Masse (Energiemenge) mehr bezahlen als im Winter. Es wäre also günstiger, das Heizöl im Winter zu kaufen.

c Eine Tankfüllung von 3500 l Heizöl hat bei einer Temperatur von 15 °C eine Masse von 3,0 t. 100 l Heizöl dehnen sich bei Erwärmung von 15 °C auf 25 °C um 0,84 l aus.
Gib die Volumenzunahme von 3500 l Heizöl bei Erwärmung von 15 °C auf 25 °C an.
Berechne den Preisunterschied, der sich für 3,0 t Heizöl bei Erwärmung auf 25 °C ergeben würde. Rechne mit einem Preis von 75 € pro 100 l.

Volumenzunahme: $\Delta V = 35 \cdot 0{,}84\ \text{l} = 29\ \text{l}$

Preisunterschied: $29\ \text{l} \cdot \frac{75\ €}{100\ \text{l}} = 22\ €$

Anomalien des Wassers

26 Das folgende Diagramm wurde beim Abkühlen von Wasser aufgenommen:

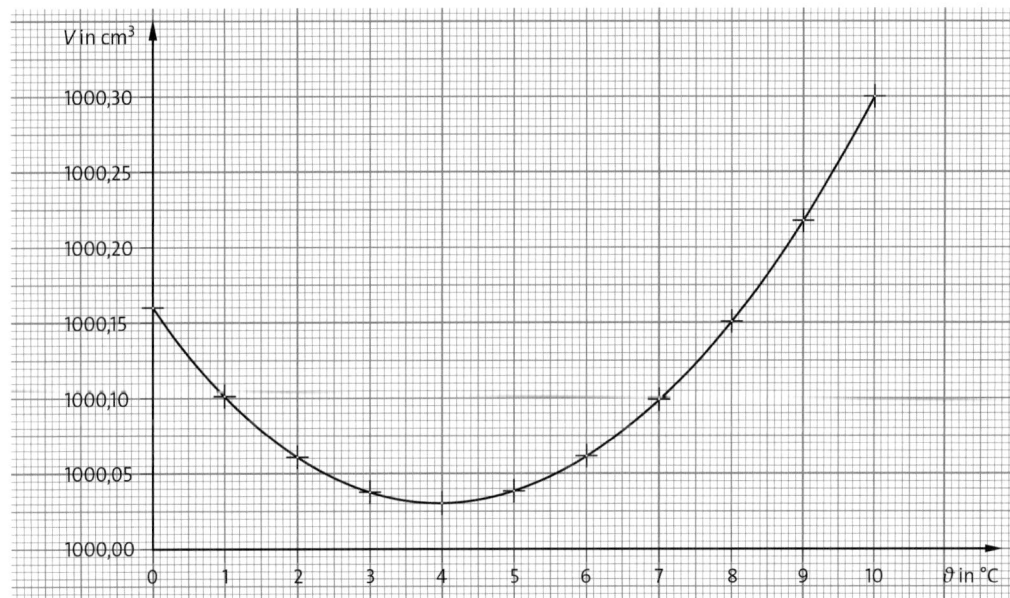

a Nenne den im Diagramm dargestellten Zusammenhang.
Im Diagramm ist für Wasser die Abhängigkeit des Volumens von der Temperatur dargestellt.

b Interpretiere den Verlauf des Graphen. Beginne bei 10 °C.
Zwischen 10 °C und 4 °C wird das Volumen mit abnehmender Temperatur geringer. Bei 4 °C hat Wasser sein kleinstes Volumen. Zwischen 4 °C und 0 °C wird das Volumen mit abnehmender Temperatur wieder größer.

c Beschreibe die Besonderheit, die die Einteilung der V-Achse aufweist.
Die V-Achse beginnt nicht bei 0, sondern bei 1000,00 cm^3.

d Bestimme anhand des Diagramms, wie groß die Volumendifferenz zwischen 0 °C und 4 °C ist.
Bei 0 °C beträgt das Volumen 1000,16 cm^3.
Bei 4 °C beträgt das Volumen 1000,03 cm^3.
$\Delta V = 1000{,}16\ \text{cm}^3 - 1000{,}03\ \text{cm}^3 = 0{,}13\ \text{cm}^3$

Innere Energie — Wärmelehre

27 Gib an, welche der folgenden Aussagen richtig sind. Korrigiere die falschen Aussagen.
A Wasser hat bei 4 °C seine ~~kleinste~~ größte Dichte.
B Wasser dehnt sich beim Erstarren aus. – richtig
C Eis von 0 °C hat eine ~~größere~~ kleinere Dichte als Wasser von 0 °C.
D 1 Liter Wasser von 3 °C ist schwerer als 1 Liter Wasser von 1 °C. – richtig
E Wasser zieht sich beim Erwärmen von 0 °C auf 4 °C zusammen. – richtig
F 1 Liter Wasser von 4 °C ist schwerer ~~leichter~~ als 1 Liter Wasser von 8 °C.

Thermischer Energietransport

S. 86–105 SB

Konvektion

1 a Beschreibe anhand einer Skizze einen Versuch, mit dem die Konvektion in einer Flüssigkeit veranschaulicht werden kann.
b Erkläre mithilfe von Fachbegriffen, wie die Konvektion entsteht.
c Nenne zwei Beispiele aus dem Alltag oder der Natur, bei denen Konvektion auftritt.

2 Am Meer oder an einem See können aufgrund der unterschiedlichen Erwärmung am Tag und Abkühlung in der Nacht lokale Luftströmungen entstehen.
Ordne den in den Abbildungen unten gekennzeichneten Bereichen jeweils eine passende physikalische Beschreibung zu. Trage die entsprechende Nummer jeweils in den Kreis ein. Einige Nummern müssen dabei doppelt eingetragen werden.
Veranschauliche die Richtung der Luftbewegung jeweils durch Pfeile.

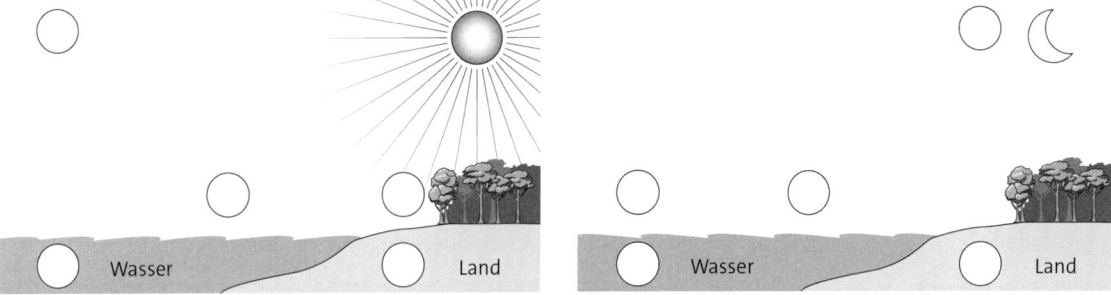

1 Das Land ist kälter als das Wasser, da es sich schneller abkühlt.
2 Die Luft erwärmt sich und steigt auf, da sie eine geringere Dichte hat als die kalte Luft.
3 Aufgrund der absinkenden Kaltluft herrscht über dem Land ein höherer Luftdruck als über dem Meer. Wegen des Druckunterschieds strömt die Luft zum Meer hin.
4 Das Wasser ist wärmer als das Land, da es sich nicht so schnell abkühlt.
5 Die Luft kühlt sich ab und sinkt nach unten, da sie eine größere Dichte hat als die warme Luft.
6 Das Land ist wärmer als das Wasser, da es sich wesentlich schneller erwärmt.
7 Aufgrund der absinkenden Kaltluft herrscht über dem Meer ein höherer Luftdruck als über dem Land. Wegen des Druckunterschieds strömt die Luft zum Land hin.
8 Das Wasser ist kälter als das Land, da es sich nicht so schnell erwärmt.

3 Erkläre, warum in einem See, dessen Oberfläche im Sommer durch die Sonnenstrahlung erwärmt wird, keine Konvektion entsteht.

Wärmeleitung

4 Ein U-förmiger Kupferstab wird mit einem Ende in ein Glas mit Wasser getaucht. Das andere Ende wird mit einer Flamme erwärmt (siehe Abbildung rechts). Nach einiger Zeit kann man beobachten, dass die Temperatur des Wassers steigt. Erkläre die Wärmeleitung im Kupferstab mit dem Teilchenmodell.

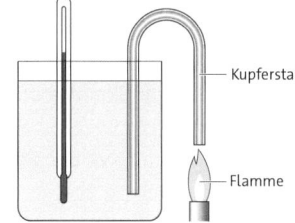

5 Erläutere zwei bauliche Maßnahmen zur Reduzierung der Wärmeleitung bei Wohnhäusern von innen nach außen.

6 Begründe, warum im Vakuum keine Wärmeleitung stattfinden kann.

Wärmestrahlung

7 Ein schwarzes und ein silbernes Auto stehen nebeneinander in der Sonne. In welchem Auto steigt die Innentemperatur schneller an? Erläutere.

Thermischer Energietransport   Wärmelehre   S. 86–105 SB

8 Gib an, welche der folgenden Aussagen richtig sind. Korrigiere die falschen Aussagen.
A Wärmestrahlung können nur Körper aussenden, deren Temperatur über 0 °C liegt.
B Für die Ausbreitung der Wärmestrahlung ist Materie notwendig.
C Wärmestrahlung breitet sich geradlinig aus und kann an Oberflächen reflektiert werden.
D Körper mit einer hellen Oberfläche absorbieren Wärmestrahlung besser als Körper mit einer dunklen Oberfläche.
E Oberflächen, die Wärmestrahlung gut absorbieren, emittieren sie auch gut.
F Bei flach einfallender Strahlung trifft weniger Energie auf eine bestimmte Fläche als bei steil einfallender Strahlung.

9 Eine schwarze und eine helle Dose wurden zur selben Zeit jeweils mit der gleichen Menge heißen Wassers gefüllt. Anschließend wurden die Dosen verschlossen und in einem Raum bei Zimmertemperatur abgestellt. Nach längerer Zeit wurde in beiden Dosen die Temperatur gemessen. Welche der folgenden Aussagen ist richtig? Begründe deine Entscheidung.
A Beide Thermometer zeigen die gleiche Temperatur an.
B Das Thermometer in der hellen Dose zeigt eine höhere Temperatur an.
C Das Thermometer in der schwarzen Dose zeigt eine höhere Temperatur an.

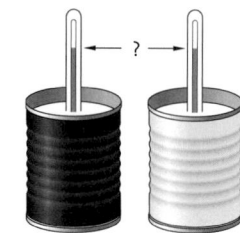

Alle drei Arten des thermischen Energietransports

10 Ordne jeder Art des thermischen Energietransports jeweils eine Beschreibung zu.
   1 Wärmeleitung   A Die Energie wird von strömenden Flüssigkeiten oder Gasen mitgeführt.
   2 Wärmestrahlung   B Die Energie wird durch Stöße von Teilchen zu Teilchen weitergegeben.
   3 Konvektion   C Die Energie wird ohne Mitwirkung von Materie übertragen.

11 Gib für die folgenden Beispiele jeweils an, welche Form des thermischen Energietransports auftritt. Schreibe dazu den entsprechenden Buchstaben in die Tabelle.
Beispiele:
A Erwärmung eines Metalllöffels im heißen Tee
B Erwärmung eines Terrariums mit einer Wärmelampe
C Entstehung thermischer Aufwinde
D Erwärmung eines Gewächshauses durch die Sonne
E Transport von warmem Wasser durch den Golfstrom
F Aufwärmen an einem Kamin
G Erwärmung der Metallplatte eines Bügeleisens
H Kühlung eines Fahrzeugmotors mithilfe einer Kühlflüssigkeit
I Aufnahme eines Hauses mit einer Wärmebildkamera (Thermografie)
K Wärmeverluste durch schlecht isolierte Außenwände

Konvektion	Wärmeleitung	Wärmestrahlung
?	?	?

12 Glaskeramikkochfelder haben gegenüber Herdplatten aus Stahl den Vorteil, dass sie sich schnell erwärmen und ebenso schnell wieder abkühlen, also Energie einsparen. Eine unter der Glaskeramikplatte liegende Heizspirale sendet Infrarotlicht aus, das die Glaskeramikplatte durchdringt und den Boden des Topfes erwärmt.

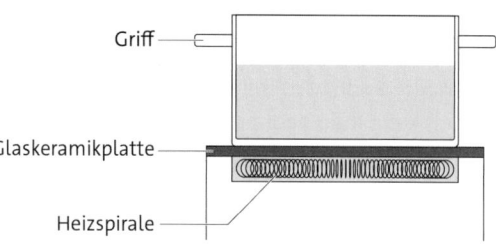

a Gib jeweils an, welche Form des thermischen Energietransports auftritt:
A Energietransport von der Heizspirale zum Topfboden
B Energietransport innerhalb des Wassers im Topf
C Erwärmung des Topfes am Rand
b Erkläre, warum die Griffe meist aus Plastik sind.

Thermischer Energietransport — Wärmelehre

13 Gib für die folgenden Beispiele jeweils an, welche Form des thermischen Energietransports reduziert bzw. verhindert wird. Schreibe dazu den entsprechenden Buchstaben in die Tabelle.

Beispiele:
A Isolierung von Häusern mit Styropor
B Einwickeln einer verletzten Person mit einer Rettungsdecke
C Fettschicht und Fell bei Tieren
D Isolierglasfenster mit edelgasgefülltem Hohlraum
E Glasscheiben eines Wintergartens (Treibhauseffekt)

Reduzierung der Konvektion	Reduzierung der Wärmeleitung	Reduzierung der Wärmestrahlung
?	?	?

14 Der Lenker eines Fahrrads aus Aluminium fühlt sich kälter an als die Griffe aus Gummi.
Gib an, welche der folgenden Überlegungen notwendig sind, um dieses Phänomen zu erklären:
A Aluminium hat eine größere Dichte als Gummi.
B Metalle sind immer kälter als Kunststoffe.
C Aluminium leitet bei Berührung die Wärme aus den Fingern schneller ab als Gummi.
D Kunststoffe absorbieren mehr Wärmestrahlung als Metalle.
E Zwischen den Fingern und dem Gummigriff findet keine Wärmeübertragung statt.
F Aluminium ist ein besserer Wärmeleiter als Gummi.

15 In der nebenstehenden Abbildung ist der Aufbau einer Thermoskanne dargestellt. Der Isoliereinsatz besteht aus Edelstahl oder Glas.
a Erkläre den Aufbau der Thermoskanne aus einem doppelwandigen Behälter mit einem luftleeren Zwischenraum.
b Erkläre die Verspiegelung der Innenseite des doppelwandigen Behälters.

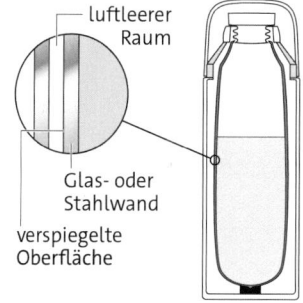

Thermischer Energietransport (mit Lösungen)

S. 86–105 SB

Konvektion

1a Beschreibe anhand einer Skizze einen Versuch, mit dem die Konvektion in einer Flüssigkeit veranschaulicht werden kann.
Ein wassergefülltes, rechteckiges Glasrohr wird an einer unteren Ecke mit einer Kerze erwärmt. Dann wird etwas Farbpulver oder Tinte in das Glasrohr gegeben.

b Erkläre mithilfe von Fachbegriffen, wie die Konvektion entsteht.
An der Erwärmungsstelle dehnt sich die Flüssigkeit aus und ihre Dichte nimmt ab. Da die Flüssigkeit in diesem Bereich leichter ist als in kälteren Bereichen, steigt sie aufgrund des Auftriebs nach oben. Kältere Flüssigkeit aus der Umgebung fließt nach.

c Nenne zwei Beispiele aus dem Alltag oder der Natur, bei denen Konvektion auftritt.
Beispiele:
• Luftzirkulation bei der Erwärmung von Räumen durch Heizkörper oder Ofen
• Luftströmungen (thermische Aufwinde, Landwind und Seewind)
• Meeresströmungen (Golfstrom)

2 Am Meer oder an einem See können aufgrund der unterschiedlichen Erwärmung am Tag und Abkühlung in der Nacht lokale Luftströmungen entstehen.
Ordne den in den Abbildungen unten gekennzeichneten Bereichen jeweils eine passende physikalische Beschreibung zu. Trage die entsprechende Nummer jeweils in den Kreis ein. Einige Nummern müssen dabei doppelt eingetragen werden.
Veranschauliche die Richtung der Luftbewegung jeweils durch Pfeile.

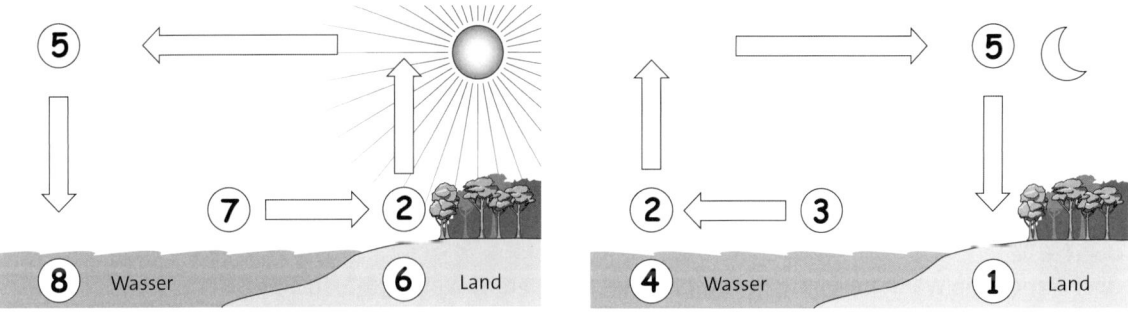

1 Das Land ist kälter als das Wasser, da es sich schneller abkühlt.
2 Die Luft erwärmt sich und steigt auf, da sie eine geringere Dichte hat als die kalte Luft.
3 Aufgrund der absinkenden Kaltluft herrscht über dem Land ein höherer Luftdruck als über dem Meer. Wegen des Druckunterschieds strömt die Luft zum Meer hin.
4 Das Wasser ist wärmer als das Land, da es sich nicht so schnell abkühlt.
5 Die Luft kühlt sich ab und sinkt nach unten, da sie eine größere Dichte hat als die warme Luft.
6 Das Land ist wärmer als das Wasser, da es sich wesentlich schneller erwärmt.
7 Aufgrund der absinkenden Kaltluft herrscht über dem Meer ein höherer Luftdruck als über dem Land. Wegen des Druckunterschieds strömt die Luft zum Land hin.
8 Das Wasser ist kälter als das Land, da es sich nicht so schnell erwärmt.

3 Erkläre, warum in einem See, dessen Oberfläche im Sommer durch die Sonnenstrahlung erwärmt wird, keine Konvektion entsteht.
Das wärmere Wasser an der Oberfläche hat eine kleinere Dichte als das kältere Wasser darunter. Es kann nicht weiter aufsteigen.

Thermischer Energietransport — Wärmelehre — S. 86–105 SB

Wärmeleitung

4 Ein U-förmiger Kupferstab wird mit einem Ende in ein Glas mit Wasser getaucht. Das andere Ende wird mit einer Flamme erwärmt (siehe Abbildung rechts). Nach einiger Zeit kann man beobachten, dass die Temperatur des Wassers steigt. Erkläre die Wärmeleitung im Kupferstab mit dem Teilchenmodell.
An der Erwärmungsstelle schwingen die Teilchen heftiger an ihren Plätzen hin und her. Dabei stoßen sie auch heftiger gegen benachbarte Teilchen im kühleren Bereich des Stabs. Dadurch bewegen sich auch diese Teilchen heftiger hin und her als zuvor. So wird Energie von Teilchen zu Teilchen übertragen, bis sich die Temperatur im ganzen Stab erhöht hat.

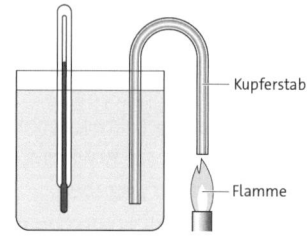

5 Erläutere zwei bauliche Maßnahmen zur Reduzierung der Wärmeleitung bei Wohnhäusern von innen nach außen.
• Verwendung von Baumaterialien, bei denen Luft eingeschlossen ist (Styropor, Hohlziegel, Mineralwolle), da Luft ein schlechter Wärmeleiter ist
• Moderne Fenster haben eine Dreifachverglasung. In den Hohlräumen zwischen den Scheiben befindet sich ein Edelgas, das ein sehr schlechter Wärmeleiter ist. In den Hohlräumen tritt praktisch keine Konvektion auf.

6 Begründe, warum im Vakuum keine Wärmeleitung stattfinden kann.
Bei der Wärmeleitung wird die Energie durch Stöße zwischen den Teilchen übertragen. Da im Vakuum keine Teilchen vorhanden sind, kann auch keine Wärmeleitung stattfinden.

Wärmestrahlung

7 Ein schwarzes und ein silbernes Auto stehen nebeneinander in der Sonne. In welchem Auto steigt die Innentemperatur schneller an? Erläutere.
Im schwarzen Auto steigt die Innentemperatur schneller an. Körper mit schwarzer Oberfläche absorbieren die Wärmestrahlung der Sonne besser als Körper mit heller Oberfläche.

8 Gib an, welche der folgenden Aussagen richtig sind. Korrigiere die falschen Aussagen.
A ~~Wärmestrahlung können nur Körper aussenden, deren Temperatur über 0 °C liegt.~~ Alle Körper senden Wärmestrahlung aus, unabhängig von ihrer Temperatur.
B ~~Für die Ausbreitung der Wärmestrahlung ist Materie notwendig.~~ Durch Wärmestrahlung wird Energie ohne Mitwirkung von Materie übertragen.
C Wärmestrahlung breitet sich geradlinig aus und kann an Oberflächen reflektiert werden. – richtig
D Körper mit einer hellen Oberfläche absorbieren Wärmestrahlung ~~besser~~ schlechter als Körper mit einer dunklen Oberfläche.
E Oberflächen, die Wärmestrahlung gut absorbieren, emittieren sie auch gut. – richtig
F Bei flach einfallender Strahlung trifft weniger Energie auf eine bestimmte Fläche als bei steil einfallender Strahlung. – richtig

9 Eine schwarze und eine helle Dose wurden zur selben Zeit jeweils mit der gleichen Menge heißen Wassers gefüllt. Anschließend wurden die Dosen verschlossen und in einem Raum bei Zimmertemperatur abgestellt. Nach längerer Zeit wurde in beiden Dosen die Temperatur gemessen. Welche der folgenden Aussagen ist richtig? Begründe deine Entscheidung.
A ~~Beide Thermometer zeigen die gleiche Temperatur an.~~
B Das Thermometer in der hellen Dose zeigt eine höhere Temperatur an.
Körper mit schwarzer Oberfläche geben mehr Energie in Form von Wärmestrahlung an die Umgebung ab als Körper mit heller Oberfläche.
C ~~Das Thermometer in der schwarzen Dose zeigt eine höhere Temperatur an.~~

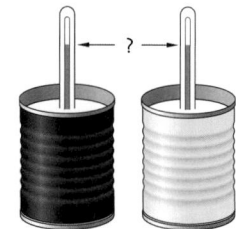

Alle drei Arten des thermischen Energietransports

10 Ordne jeder Art des thermischen Energietransports jeweils eine Beschreibung zu.
1 – B Wärmeleitung: Die Energie wird durch Stöße von Teilchen zu Teilchen weitergegeben.
2 – C Wärmestrahlung: Die Energie wird ohne Mitwirkung von Materie übertragen.
3 – A Konvektion: Die Energie wird von strömenden Flüssigkeiten oder Gasen mitgeführt.

Thermischer Energietransport — Wärmelehre — S. 86–105 SB

11 Gib für die folgenden Beispiele jeweils an, welche Form des thermischen Energietransports auftritt. Schreibe dazu den entsprechenden Buchstaben in die Tabelle.

Konvektion	Wärmeleitung	Wärmestrahlung
C, E, H	A, G, K	B, D, F, I

Beispiele:
A Erwärmung eines Metalllöffels im heißen Tee
B Erwärmung eines Terrariums mit einer Wärmelampe
C Entstehung thermischer Aufwinde
D Erwärmung eines Gewächshauses durch die Sonne
E Transport von warmem Wasser durch den Golfstrom
F Aufwärmen an einem Kamin
G Erwärmung der Metallplatte eines Bügeleisens
H Kühlung eines Fahrzeugmotors mithilfe einer Kühlflüssigkeit
I Aufnahme eines Hauses mit einer Wärmebildkamera (Thermografie)
K Wärmeverluste durch schlecht isolierte Außenwände

12 Glaskeramikkochfelder haben gegenüber Herdplatten aus Stahl den Vorteil, dass sie sich schnell erwärmen und ebenso schnell wieder abkühlen, also Energie einsparen. Eine unter der Glaskeramikplatte liegende Heizspirale sendet Infrarotlicht aus, das die Glaskeramikplatte durchdringt und den Boden des Topfes erwärmt.

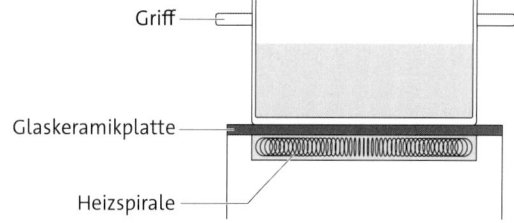

a Gib jeweils an, welche Form des thermischen Energietransports auftritt.
A Energietransport von der Heizspirale zum Topfboden: **Wärmestrahlung**
B Energietransport innerhalb des Wassers im Topf: **Konvektion**
C Erwärmung des Topfes am Rand: **Wärmeleitung**

b Erkläre, warum die Griffe meist aus Plastik sind.
Die Griffe sollten sich möglichst nicht erwärmen. Deshalb verwendet man dafür Materialien mit einer geringen Wärmeleitfähigkeit.

13 Gib für die folgenden Beispiele jeweils an, welche Form des thermischen Energietransports reduziert bzw. verhindert wird. Schreibe dazu den entsprechenden Buchstaben in die Tabelle.

Reduzierung der Konvektion	Reduzierung der Wärmeleitung	Reduzierung der Wärmestrahlung
B, D, E	A, C, D	B, E

Beispiele:
A Isolierung von Häusern mit Styropor
B Einwickeln einer verletzten Person mit einer Rettungsdecke
C Fettschicht und Fell bei Tieren
D Isolierglasfenster mit edelgasgefülltem Hohlraum
E Glasscheiben eines Wintergartens (Treibhauseffekt)

14 Der Lenker eines Fahrrads aus Aluminium fühlt sich kälter an als die Griffe aus Gummi.
Gib an, welche der folgenden Überlegungen notwendig sind, um dieses Phänomen zu erklären:
A ~~Aluminium hat eine größere Dichte als Gummi.~~
B ~~Metalle sind immer kälter als Kunststoffe.~~
C Aluminium leitet bei Berührung die Wärme aus den Fingern schneller ab als Gummi.
D ~~Kunststoffe absorbieren mehr Wärmestrahlung als Metalle.~~
E ~~Zwischen den Fingern und dem Gummigriff findet keine Wärmeübertragung statt.~~
F Aluminium ist ein besserer Wärmeleiter als Gummi.

15 In der nebenstehenden Abbildung ist der Aufbau einer Thermoskanne dargestellt. Der Isoliereinsatz besteht aus Edelstahl oder Glas.

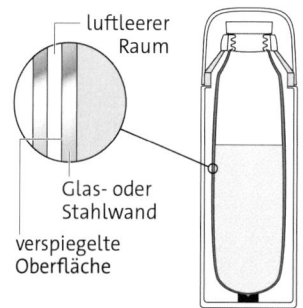

a Erkläre den Aufbau der Thermoskanne aus einem doppelwandigen Behälter mit einem luftleeren Zwischenraum.
Durch den luftleeren Zwischenraum werden Wärmeleitung und Konvektion verhindert.

b Erkläre die Verspiegelung der Innenseite des doppelwandigen Behälters.
An der verspiegelten Innenseite wird die Wärmestrahlung reflektiert. Dadurch wird die Energieabgabe durch Wärmestrahlung verhindert.

Elektrostatik

S. 110–127 SB

Elektrische Ladungen

1 Erkläre die beiden folgenden Versuche:
 a Zwei Plastikfolien werden aneinandergerieben und dann voneinander getrennt. Wenn man die Folien anschließend einander nähert, kann man anziehende Kräfte beobachten (Bild A).
 b Zwei Plastikfolien werden jeweils mit einem Wolltuch gerieben. Wenn man die Folien anschließend einander nähert, kann man abstoßende Kräfte beobachten (Bild B).

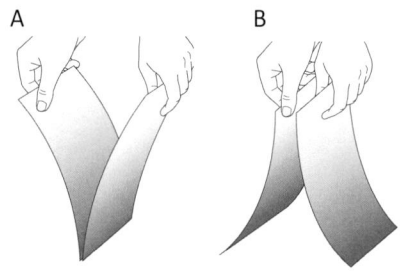

2 Wenn man eine Kunststofffolie mit einem Wolltuch reibt, lädt sich die Folie negativ auf. Erkläre, was dabei passiert.

3a Der Teller eines Elektroskops wird mit einem positiv geladenen Glasstab berührt (siehe nebenstehende Abbildung). Dabei kann man beobachten, dass der Zeiger des Elektroskops ausschlägt. Erkläre das Verhalten des Zeigers.
 b Anschließend wird der Stab wieder entfernt und der Teller des Elektroskops mit dem Finger berührt. Was kann man jetzt beobachten? Erkläre.

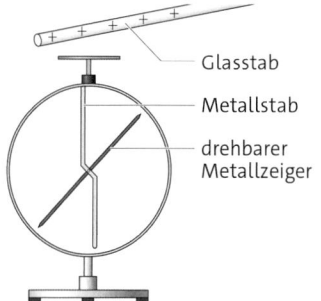

4 Ein negativ geladenes Elektroskop wird mit einer neutralen Metallkugel berührt. Anschließend wird mit der Metallkugel ein ungeladenes Elektroskop berührt. Der Vorgang wird mehrmals wiederholt.
 a Beschreibe, was man dabei beobachten kann.
 b Gib an, wann sich der Zeigerausschlag der beiden Elektroskope nicht mehr ändert.
 c Erkläre die Beobachtungen.

5 Beim Berühren einer Türklinke kann man einen elektrischen Schlag bekommen, wenn man zuvor über einen Teppichboden gegangen ist. Erkläre, wie es dazu kommen kann und was dabei passiert.

6 Beim Reiben eines Kunststoffstabs mit einem Wolltuch gehen 50 Milliarden Elektronen auf den Kunststoffstab über. Berechne, welche Ladung der Stab danach hat.

7 Ein Akku hat eine Ladung von 8640 C. Berechne, wie viele Elektronen bis zum vollständigen Entladen maximal vom Minuspol zum Pluspol fließen können.

8 Ein isoliert aufgestellter, hohler Metallzylinder mit kegelförmiger Spitze wird mit einem Hochspannungsgerät verbunden und negativ aufgeladen. Anschließend berühren wir den Metallkörper mit drei gleichen ungeladenen Metallkugeln (K_1, K_2, K_3) an verschiedenen Stellen (siehe Abbildung rechts). Dann werden die Ladungen der Kugeln mit einem Ladungsmessgerät bestimmt.
 a Vergleiche die Ladungen Q_1 und Q_2 der Kugeln K_1 und K_2 und begründe deine Entscheidung.
 b Vergleiche die Ladungen Q_2 und Q_3 der Kugeln K_2 und K_3 und begründe deine Entscheidung.

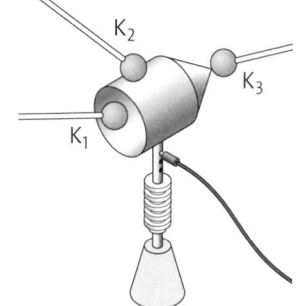

9 Das höchstgelegene Gebäude Europas ist die Margheritahütte in den Walliser Alpen auf einer Höhe von 4554 m. Sie ist zum Schutz gegen Blitze vollständig von Kupfer umhüllt. Begründe diese Schutzmaßnahme.

Elektrische Influenz und Polarisation

10 Einer ungeladenen Metallkugel (Bild A) und einer Kunststoffkugel (Bild B) wird jeweils eine negativ geladene Kugel genähert, ohne diese zu berühren.

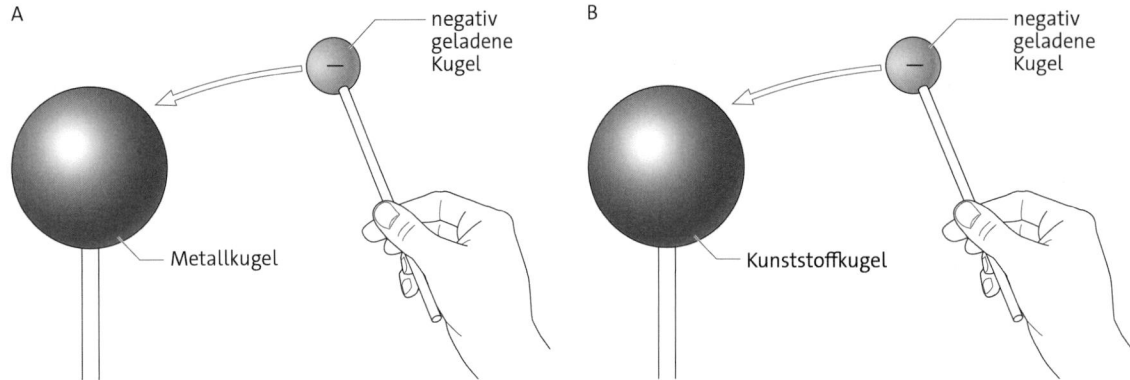

a Beschreibe jeweils, was beim Annähern der negativ geladenen Kugel an die andere Kugel in dieser passiert. Gib jeweils an, wie man diesen Vorgang nennt.
b Zeichne jeweils die Ladungsverteilung auf der anderen Kugel ein, wenn sich die negativ geladene Kugel in deren Nähe befindet.
c Beschreibe, was passiert, wenn man die Metallkugel (Bild A) auf der der negativ geladenen Kugel abgewandten Seite (links unten) mit dem Finger berührt.

11 Einem ungeladenen Elektroskop wird ein negativ geladener Stab genähert. Dabei kann man beobachten, dass der Zeiger ausschlägt (siehe Abbildung rechts).
a Erkläre den Zeigerausschlag des Elektroskops. Zeichne dazu auch die Ladungsverteilung auf dem Elektroskop in die Abbildung ein.
b Was kann man nach dem Entfernen des Stabs beobachten? Begründe.

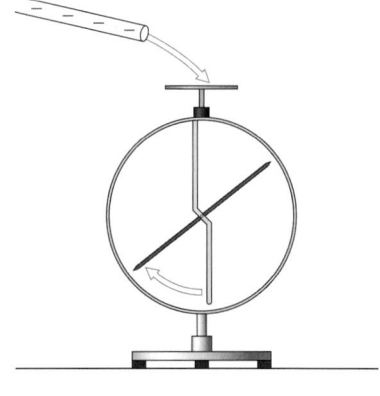

12 In der Nähe einer negativ geladenen Kugel befinden sich ein positiv geladener Körper (1), ein negativ geladener Körper (2), ein neutraler Nichtleiter (3) und ein neutraler Leiter (4). Beschreibe jeweils die Wirkung der negativ geladenen Kugel auf die vier Körper.

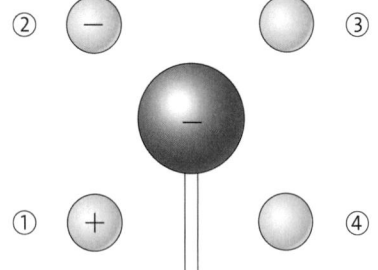

13 Das abgebildete Elektroskop ist negativ geladen. Ihm wird eine positiv geladene Kugel genähert, ohne es zu berühren. Gib an, ob und wie sich dabei der Ausschlag des Zeigers ändert. Begründe.

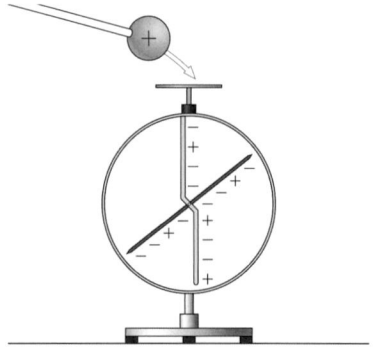

Elektrostatik — Elektrizitätslehre — S. 110–127 SB

14 Zu Beginn eines Versuchs wird der Teller eines Elektroskops mit einer neutralen Metallkugel berührt. Dabei sind die ortsfesten positiven Teilchen und die frei beweglichen Elektronen gleichmäßig auf dem Elektroskop verteilt (siehe Bild A).
In den Bildern B bis D ist der weitere Verlauf des Versuchs dargestellt. Zeichne jeweils die Ladungsverteilung ein und erkläre das Verhalten des Zeigers.

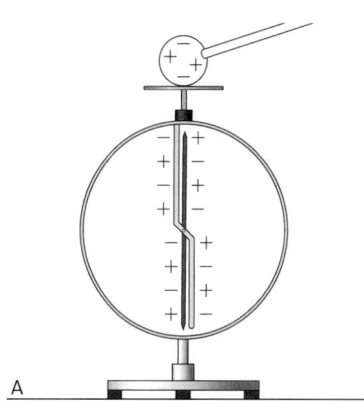
A

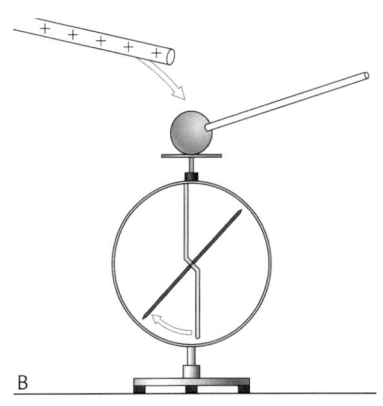
B
Dem Elektroskop mit der Kugel wird ein positiv geladener Körper genähert. Das Elektroskop schlägt aus.

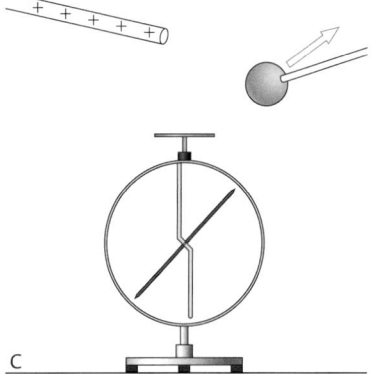
C
Die Metallkugel wird entfernt. Der Zeigerausschlag des Elektroskops ändert sich dabei nicht.

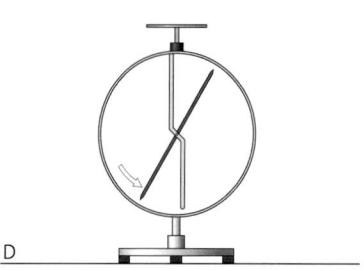
D
Der geladene Körper wird entfernt. Der Zeigerausschlag des Elektroskops geht dabei etwas zurück.

Elektrisches Feld

15 Ein Tischtennisball, der mit einer elektrisch leitfähigen Graphitschicht überzogen ist, wird an einem Faden zwischen zwei entgegengesetzt geladene Metallplatten gehängt. Zu Beginn wird der Ball so ausgelenkt, dass er die negativ geladene Platte berührt (siehe Abbildung rechts).
a Beschreibe den Vorgang, der bei Berührung des Balls mit der negativ geladenen Platte abläuft.
b Begründe, warum sich der Ball anschließend zur positiv geladenen Platte bewegt.
c Beschreibe, was bei Berührung des Balls mit der positiv geladenen Platte passiert.

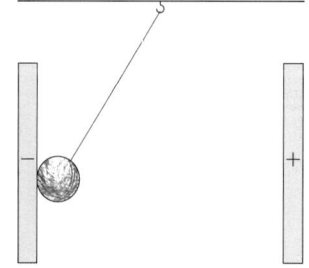

16 Die folgenden Feldlinienbilder enthalten Fehler. Nenne diese Fehler und beschreibe jeweils, wie die Linien richtig verlaufen müssten.

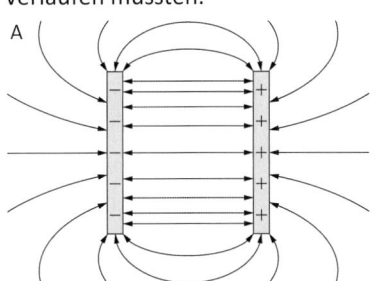
A

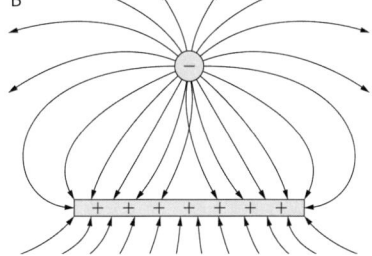
B

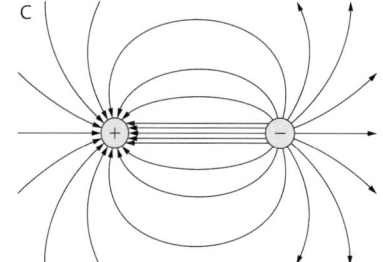
C

17 Vergleiche das elektrische Feld mit dem magnetischen Feld.

Elektrostatik — Elektrizitätslehre

18 Im elektrischen Feld in der nebenstehenden Abbildung befinden sich positiv und negativ geladene Körper A bis D. Die Ladungen der Körper haben den gleichen Betrag und die Wechselwirkung zwischen ihnen kann vernachlässigt werden.

a Zeichne die Kraftpfeile für die auf die Körper A, B und C wirkenden Kräfte ein.
b Welche Ladungsart besitzt der Körper D? Begründe.
c Auf welchen der vier Körper wirkt im elektrischen Feld die kleinste Kraft? Begründe.

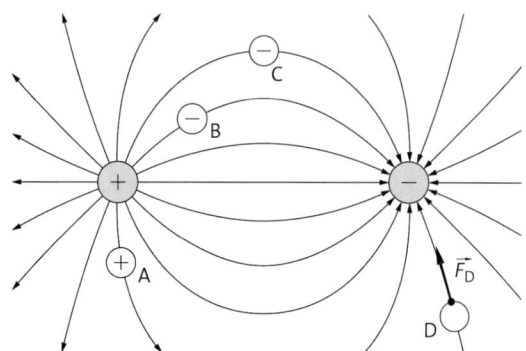

19 Zwei Metallplatten werden so in ein elektrisches Feld gehalten, dass sie sich berühren (Bild A). Dann werden die beiden Metallplatten im elektrischen Feld getrennt (Bild B) und aus diesem herausgezogen. Anschließend berührt man erst mit der einen Metallplatte den Teller eines Elektroskops (Bild C), dann mit der anderen Metallplatte (Bild D). Dabei kann man beobachten, dass der Zeiger des Elektroskops zuerst ausschlägt und bei Berührung mit der zweiten Platte wieder in seine Ausgangslage zurückgeht. Erkläre diese Beobachtung.

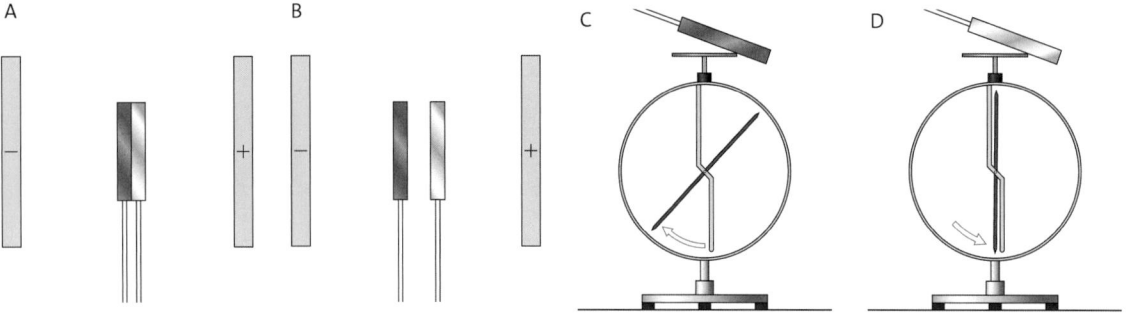

Elektrostatik — Elektrizitätslehre

20 Kreuzworträtsel

Waagerecht:
5 gedachte Linien zur Veranschaulichung der Richtung elektrischer Kräfte
7 Ladung eines Körpers bei Elektronenüberschuss
9 wirkt zwischen gleichartig geladenen Körpern
10 Vorgang, bei dem Atome oder Moleküle in Nichtleitern zu elektrischen Dipolen werden
12 positiver Ladungsträger im Atom
13 Ladungsausgleich, der hauptsächlich an Spitzen und Kanten stattfindet
15 Ladungsausgleich zwischen Wolke und Erde

Senkrecht:
1 Ladung eines Körpers bei Elektronenmangel
2 Vorgang, bei dem Körper durch Reibung elektrostatisch aufgeladen werden
3 kleinste mögliche Ladungsmenge
4 Gerät zum Nachweis von Ladungen
5 Hohlkörper aus Metall, der auf seiner Außenfläche Ladungen ableitet
6 Einheit der Ladung
8 negativer Ladungsträger
11 Verschiebung von Elektronen in Leitern beim Annähern eines geladenen Körpers
14 Atom, das Elektronen aufgenommen oder abgegeben hat

Elektrostatik (mit Lösungen)

S. 110–127 SB

Elektrische Ladungen

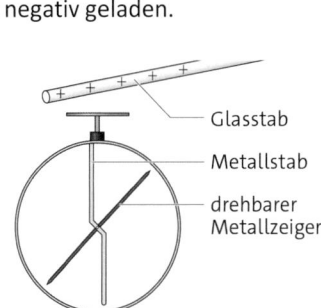

1 Erkläre die beiden folgenden Versuche:
a Zwei Plastikfolien werden aneinandergerieben und dann voneinander getrennt. Wenn man die Folien anschließend einander nähert, kann man anziehende Kräfte beobachten (Bild A).
Eine Folie wurde positiv geladen, die andere negativ. Zwischen zwei ungleichartig geladenen Körpern wirken anziehende Kräfte.
b Zwei Plastikfolien werden jeweils mit einem Wolltuch gerieben. Wenn man die Folien anschließend einander nähert, kann man abstoßende Kräfte beobachten (Bild B).
Beide Folien wurden gleich geladen (entweder positiv oder negativ). Zwischen zwei gleichartig geladenen Körpern wirken abstoßende Kräfte.

2 Wenn man eine Kunststofffolie mit einem Wolltuch reibt, lädt sich die Folie negativ auf. Erkläre, was dabei passiert.
Bei der Reibung gehen Elektronen vom Wolltuch auf die Folie über. Auf dem Tuch herrscht danach Elektronenmangel. Es ist positiv geladen. Auf der Folie herrscht Elektronenüberschuss. Sie ist negativ geladen.

3a Der Teller eines Elektroskops wird mit einem positiv geladenen Glasstab berührt (siehe nebenstehende Abbildung). Dabei kann man beobachten, dass der Zeiger des Elektroskops ausschlägt. Erkläre das Verhalten des Zeigers.
Bei Berührung des neutralen Tellers mit dem positiv geladenen Stab fließen Elektronen vom Elektroskop auf den Stab. Da Zeiger und Metallstab des Elektroskops jetzt positiv geladen sind (Elektronenmangel), wirken abstoßende Kräfte und es kommt zum Zeigerausschlag.
b Anschließend wird der Stab wieder entfernt und der Teller des Elektroskops mit dem Finger berührt. Was kann man jetzt beobachten? Erkläre.
Der Zeiger des Elektroskops geht in die Ausgangslage zurück. Über den Finger fließen frei bewegliche Elektronen auf das Elektroskop.

4 Ein negativ geladenes Elektroskop wird mit einer neutralen Metallkugel berührt. Anschließend wird mit der Metallkugel ein ungeladenes Elektroskop berührt. Der Vorgang wird mehrmals wiederholt.
a Beschreibe, was man dabei beobachten kann.
Der Zeigerausschlag des ersten Elektroskops (I) geht bei jeder Berührung mit der Kugel etwas zurück und der Zeigerausschlag des zweiten Elektroskops (II) nimmt bei jeder Berührung mit der Kugel etwas zu.
b Gib an, wann sich der Zeigerausschlag der beiden Elektroskope nicht mehr ändert.
Der Zeigerausschlag ändert sich nicht mehr, wenn beide Elektroskope den gleichen Zeigerausschlag haben.
c Erkläre die Beobachtungen.
Bei Berührung mit der Kugel fließen Elektronen vom Teller des Elektroskops I auf die Kugel und von dieser bei Berührung auf das Elektroskop II (portionsweise Übertragung von Ladungen). Dabei werden nur so lange Elektronen auf die Kugel übertragen, wie ein Ladungsunterschied besteht. Am Ende besitzen beide Elektroskope die gleiche Ladung.

5 Beim Berühren einer Türklinke kann man einen elektrischen Schlag bekommen, wenn man zuvor über einen Teppichboden gegangen ist. Erkläre, wie es dazu kommen kann und was dabei passiert.
Beim Gehen über einen Teppichboden kann man sich aufladen. Wenn man anschließend die metallische Türklinke berührt, kommt es zum Ladungsausgleich.

Elektrostatik   Elektrizitätslehre   S. 110–127 SB

6 Beim Reiben eines Kunststoffstabs mit einem Wolltuch gehen 50 Milliarden Elektronen auf den Kunststoffstab über. Berechne, welche Ladung der Stab danach hat.

$Q = n \cdot e$

$Q = 50 \cdot 10^9 \cdot 1{,}6 \cdot 10^{-19}$ C $= 8{,}0 \cdot 10^{-9}$ C

7 Ein Akku hat eine Ladung von 8640 C. Berechne, wie viele Elektronen bis zum vollständigen Entladen maximal vom Minuspol zum Pluspol fließen können.

$Q = n \cdot e \,;\, n = \dfrac{Q}{e}$

$n = \dfrac{8640 \text{ C}}{1{,}6 \cdot 10^{-19} \text{C}} = 54 \cdot 10^{21}$

Beim Betrieb des Akkus können höchstens $54 \cdot 10^{21}$ Elektronen vom Minuspol zum Pluspol fließen.

8 Ein isoliert aufgestellter, hohler Metallzylinder mit kegelförmiger Spitze wird mit einem Hochspannungsgerät verbunden und negativ aufgeladen. Anschließend berühren wir den Metallkörper mit drei gleichen ungeladenen Metallkugeln (K_1, K_2, K_3) an verschiedenen Stellen (siehe Abbildung rechts). Dann werden die Ladungen der Kugeln mit einem Ladungsmessgerät bestimmt.

a Vergleiche die Ladungen Q_1 und Q_2 der Kugeln K_1 und K_2 und begründe deine Entscheidung.

$Q_1 < Q_2$

Die Ladungen sitzen grundsätzlich auf der Außenfläche des Körpers.

b Vergleiche die Ladungen Q_2 und Q_3 der Kugeln K_2 und K_3 und begründe deine Entscheidung.

$Q_2 < Q_3$

An den Spitzen sitzen die Ladungen dichter als an anderen Stellen des Körpers.

9 Das höchstgelegene Gebäude Europas ist die Margheritahütte in den Walliser Alpen auf einer Höhe von 4554 m. Sie ist zum Schutz gegen Blitze vollständig von Kupfer umhüllt. Begründe diese Schutzmaßnahme.

Kupfer ist ein guter Leiter. Bei einem Blitzeinschlag fließen die Ladungen über die Außenflächen der Hütte zur Erde. Der Innenraum ist ladungsfrei. Einen solchen Raum bezeichnet man als faradayschen Käfig.

Elektrische Influenz und Polarisation

10 Einer ungeladenen Metallkugel (Bild A) und einer Kunststoffkugel (Bild B) wird jeweils eine negativ geladene Kugel genähert, ohne diese zu berühren.

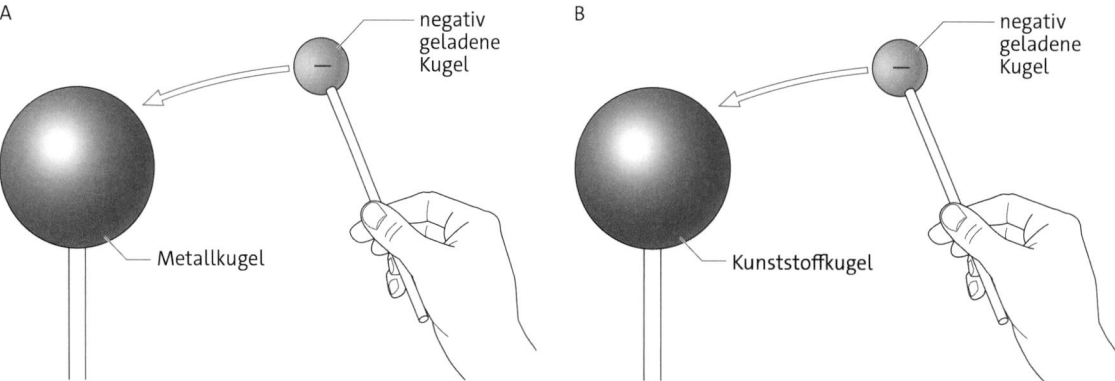

a Beschreibe jeweils, was beim Annähern der negativ geladenen Kugel an die andere Kugel in dieser passiert. Gib jeweils an, wie man diesen Vorgang nennt.

Die Elektronen auf der Metallkugel werden auf die der negativ geladenen Kugel abgewandten Seite verschoben. Die Kugel wird zum elektrischen Dipol.
Vorgang: elektrische Influenz

b Zeichne jeweils die Ladungsverteilung auf der anderen Kugel ein, wenn sich die negativ geladene Kugel in deren Nähe befindet.

Durch Ladungsverschiebung innerhalb der Atome und Moleküle entstehen auf der Kunststoffkugel kleinste elektrische Dipole. Diese richten sich so aus, dass ihre positiven Pole zur negativ geladenen Kugel zeigen.
Vorgang: elektrische Polarisation

Elektrostatik — Elektrizitätslehre — S. 110–127 SB

c Beschreibe, was passiert, wenn man die Metallkugel (Bild A) auf der der negativ geladenen Kugel abgewandten Seite (links unten) mit dem Finger berührt.
Die frei beweglichen Elektronen fließen über den Finger zur Erde ab.

11 Einem ungeladenen Elektroskop wird ein negativ geladener Stab genähert. Dabei kann man beobachten, dass der Zeiger ausschlägt (siehe Abbildung rechts).

a Erkläre den Zeigerausschlag des Elektroskops. Zeichne dazu auch die Ladungsverteilung auf dem Elektroskop in die Abbildung ein.
Bei Annäherung des negativ geladenen Stabs verschieben sich die Elektronen auf dem Elektroskop nach unten. Dadurch sind Zeiger und Metallstab im oberen Bereich positiv und im unteren Bereich negativ geladen. Da zwischen gleichartigen Ladungen abstoßende Kräfte wirken, schlägt der Zeiger aus. Ladungsverteilung: siehe Abbildung rechts.

b Was kann man nach dem Entfernen des Stabs beobachten? Begründe.
Nach dem Entfernen des Stabs hebt sich die Ladungsverschiebung wieder auf und der Zeiger geht in die Ausgangslage zurück.

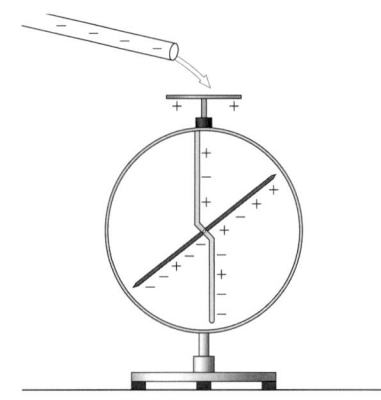

12 In der Nähe einer negativ geladenen Kugel befinden sich ein positiv geladener Körper (1), ein negativ geladener Körper (2), ein neutraler Nichtleiter (3) und ein neutraler Leiter (4). Beschreibe jeweils die Wirkung der negativ geladenen Kugel auf die vier Körper.
(1) Es wirken anziehende Kräfte.
(2) Es wirken abstoßende Kräfte.
(3) Im Nichtleiter kommt es zur dielektrischen Polarisation. Es wirken anziehende Kräfte.
(4) Im Leiter kommt es zur elektrischen Influenz. Es wirken anziehende Kräfte.

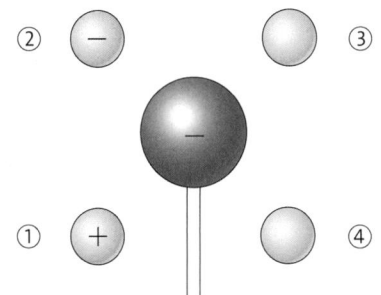

13 Das abgebildete Elektroskop ist negativ geladen. Ihm wird eine positiv geladene Kugel genähert, ohne es zu berühren. Gib an, ob und wie sich dabei der Ausschlag des Zeigers ändert. Begründe.
Der Ausschlag des Elektroskops geht etwas zurück. Begründung: Durch elektrische Influenz werden Elektronen vom Stab und vom Zeiger nach oben zum Teller des Elektroskops verschoben. Der Elektronenüberschuss auf Stab und Zeiger wird geringer.

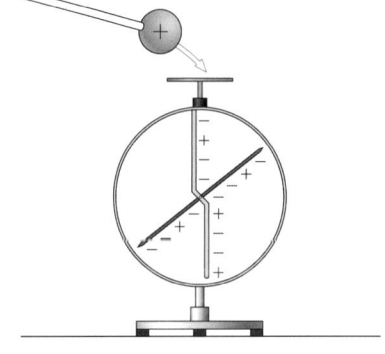

Elektrostatik   Elektrizitätslehre

14 Zu Beginn eines Versuchs wird der Teller eines Elektroskops mit einer neutralen Metallkugel berührt. Dabei sind die ortsfesten positiven Teilchen und die frei beweglichen Elektronen gleichmäßig auf dem Elektroskop verteilt (siehe Bild A).
In den Bildern B bis D ist der weitere Verlauf des Versuchs dargestellt. Zeichne jeweils die Ladungsverteilung ein und erkläre das Verhalten des Zeigers.

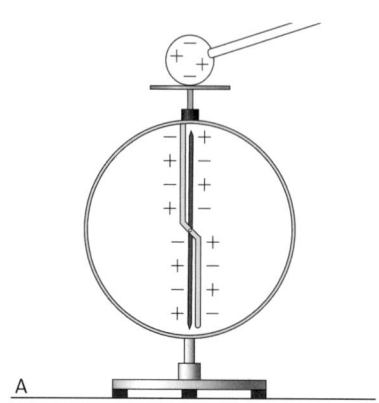

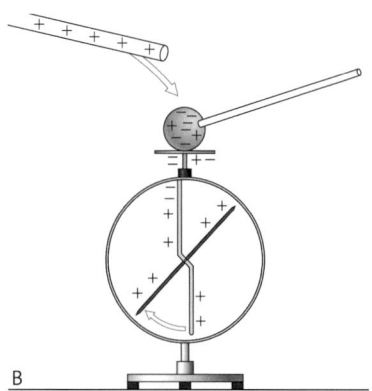

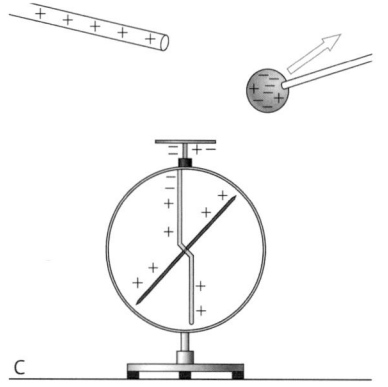

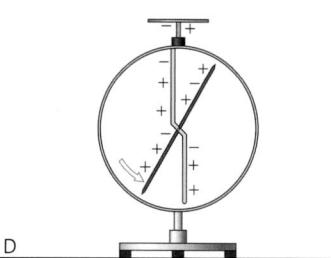

Dem Elektroskop mit der Kugel wird ein positiv geladener Körper genähert. Das Elektroskop schlägt aus.
Durch elektrische Influenz werden Elektronen auf dem Elektroskop nach oben und teilweise auf die Kugel verschoben. Das Elektroskop ist positiv geladen.

Die Metallkugel wird entfernt. Der Zeigerausschlag des Elektroskops ändert sich dabei nicht.
Auf der entfernten Kugel herrscht Elektronenüberschuss und auf dem Elektroskop Elektronenmangel. Das Elektroskop ist weiterhin positiv geladen.

Der geladene Körper wird entfernt. Der Zeigerausschlag des Elektroskops geht dabei etwas zurück.
Innerhalb des Elektroskops findet ein Ladungsausgleich statt. Der Elektronenmangel im unteren Teil wird geringer. Das Elektroskop ist aber weiterhin positiv geladen.

Elektrisches Feld

15 Ein Tischtennisball, der mit einer elektrisch leitfähigen Graphitschicht überzogen ist, wird an einem Faden zwischen zwei entgegengesetzt geladene Metallplatten gehängt. Zu Beginn wird der Ball so ausgelenkt, dass er die negativ geladene Platte berührt (siehe Abbildung rechts).

a Beschreibe den Vorgang, der bei Berührung des Balls mit der negativ geladenen Platte abläuft.
Bei Berührung des Balls mit der negativ geladenen Platte werden Elektronen von dieser auf den Ball übertragen. Der Ball ist dann negativ geladen. Er besitzt Elektronenüberschuss.

b Begründe, warum sich der Ball anschließend zur positiv geladenen Platte bewegt.
Im elektrischen Feld zwischen den entgegengesetzt geladenen Platten wirken auf die negativ geladene Kugel Kräfte in Richtung der positiven Platte.

c Beschreibe, was bei Berührung des Balls mit der positiv geladenen Platte passiert.
Bei Berührung mit der positiv geladenen Platte werden Elektronen vom Ball auf die Platte übertragen. Der Ball ist dann positiv geladen. Er hat Elektronenmangel.

Elektrostatik — Elektrizitätslehre — S. 110–127 SB

16 Die folgenden Feldlinienbilder enthalten Fehler. Nenne diese Fehler und beschreibe jeweils, wie die Linien richtig verlaufen müssen.

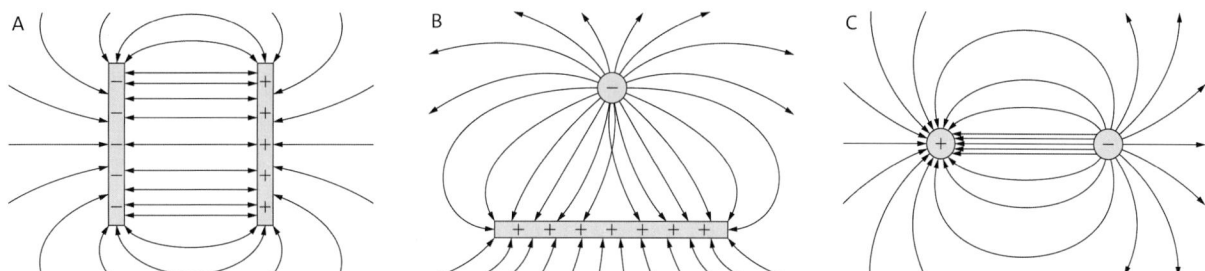

A 1. Fehler: Der Abstand der Feldlinien zwischen den Platten nimmt von innen nach außen ab. Zwischen den geladenen Platten müssen die Feldlinien immer den gleichen Abstand haben, da das Feld in diesem Bereich homogen ist.
2. Fehler: Die Richtung der Feldlinien ist teilweise falsch eingezeichnet. – Sie verlaufen immer vom positiv geladenen Körper zum negativ geladenen Körper.

B 1. Fehler: Die Richtung der Feldlinien ist falsch eingezeichnet. – Sie verlaufen immer vom positiv geladenen Körper zum negativ geladenen Körper.
2. Fehler: Einige Feldlinien kreuzen sich. Feldlinien kreuzen sich nie. – Sonst würden am Schnittpunkt der Feldlinien zwei Kräfte auf den Körper wirken.

C 1. Fehler: Die Richtung der Feldlinien ist falsch eingezeichnet. – Sie verlaufen immer vom positiv geladenen Körper zum negativ geladenen Körper.
2. Fehler: Die Feldlinien zwischen den geladenen Körpern beginnen nicht senkrecht auf der Oberfläche des positiv geladenen Körpers und enden nicht senkrecht auf der Oberfläche des negativ geladenen Körpers. – Sie müssen aber senkrecht auf der Oberfläche beginnen und enden.

17 Vergleiche das elektrische Feld mit dem magnetischen Feld.

Magnetisches Feld	Elektrisches Feld
existiert in der Umgebung eines Magneten	existiert in der Umgebung elektrisch geladener Körper
Kraftwirkung auf andere Magnete und ferromagnetische Körper	Kraftwirkung auf andere elektrisch geladene Körper
magnetische Influenz bei Körpern aus ferromagnetischen Stoffen	elektrische Influenz bei metallischen Körpern und elektrische Polarisation bei nichtmetallischen Körpern
durch Körper aus ferromagnetischen Stoffen abschirmbar	durch metallische Körper abschirmbar

18 Im elektrischen Feld in der nebenstehenden Abbildung befinden sich positiv und negativ geladene Körper A bis D. Die Ladungen der Körper haben den gleichen Betrag und die Wechselwirkung zwischen ihnen kann vernachlässigt werden.

a Zeichne die Kraftpfeile für die auf die Körper A, B und C wirkenden Kräfte ein.
Siehe Abbildung rechts.

b Welche Ladungsart besitzt der Körper D? Begründe.
Körper D ist positiv geladen, da auf ihn eine Kraft in Richtung der Feldlinien wirkt.

c Auf welchen der vier Körper wirkt im elektrischen Feld die kleinste Kraft? Begründe.
Auf Körper C wirkt die kleinste Kraft, da die Feldlinien am Ort der anderen Körper dichter sind.

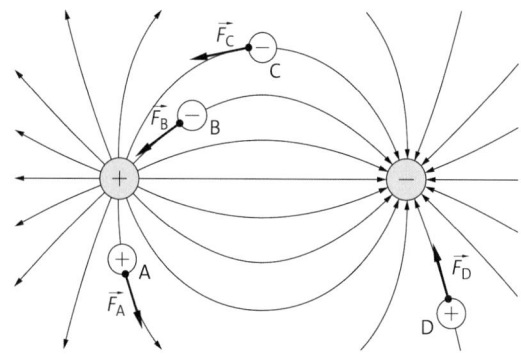

Elektrostatik — Elektrizitätslehre — S. 110–127 SB

19 Zwei Metallplatten werden so in ein elektrisches Feld gehalten, dass sie sich berühren (Bild A). Dann werden die beiden Metallplatten im elektrischen Feld getrennt (Bild B) und aus diesem herausgezogen. Anschließend berührt man erst mit der einen Metallplatte den Teller eines Elektroskops (Bild C), dann mit der anderen Metallplatte (Bild D). Dabei kann man beobachten, dass der Zeiger des Elektroskops zuerst ausschlägt und bei Berührung mit der zweiten Platte wieder in seine Ausgangslage zurückgeht. Erkläre diese Beobachtung.

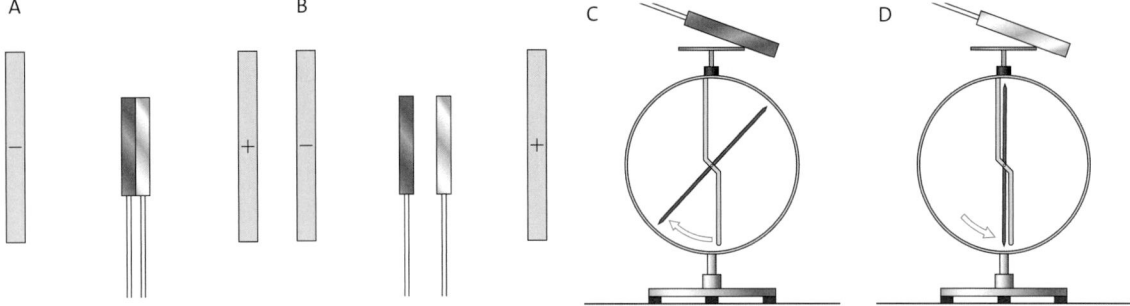

Im elektrischen Feld (Bild A) verschieben sich die frei beweglichen Elektronen in Richtung der positiven Ladung, also auf die rechte Leiterplatte (elektrische Influenz). Diese ist dann negativ geladen, die andere Leiterplatte ist positiv geladen (Bild B). Bei Berührung mit der ersten Platte wird das Elektroskop zunächst aufgeladen (Bild C), bei Berührung mit der zweiten Platte neutralisieren sich die Ladungen dann wieder (Bild D).

20 Kreuzworträtsel

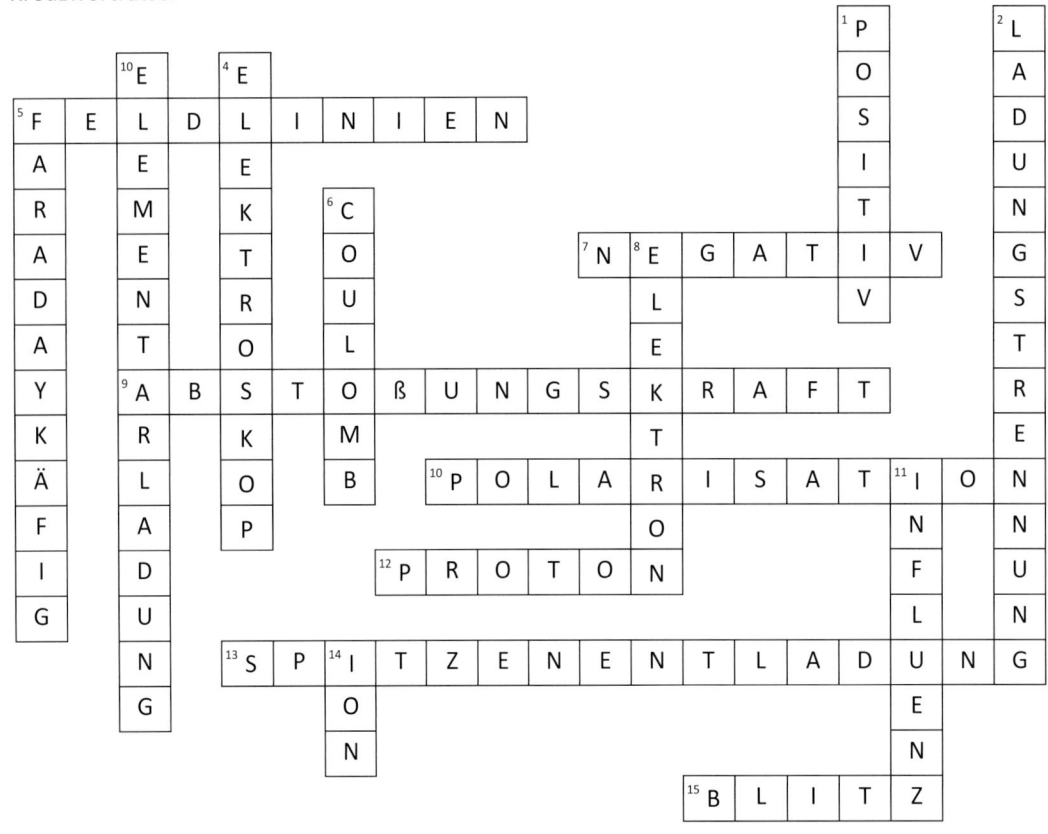

Waagerecht:
5 gedachte Linien zur Veranschaulichung der Richtung elektrischer Kräfte
7 Ladung eines Körpers bei Elektronenüberschuss
9 wirkt zwischen gleichartig geladenen Körpern
10 Vorgang, bei dem Atome oder Moleküle in Nichtleitern zu elektrischen Dipolen werden
12 positiver Ladungsträger im Atom
13 Ladungsausgleich, der hauptsächlich an Spitzen und Kanten stattfindet
15 Ladungsausgleich zwischen Wolke und Erde

Senkrecht:
1 Ladung eines Körpers bei Elektronenmangel
2 Vorgang, bei dem Körper durch Reibung elektrostatisch aufgeladen werden
3 kleinste mögliche Ladungsmenge
4 Gerät zum Nachweis von Ladungen
5 Hohlkörper aus Metall, der auf seiner Außenfläche Ladungen ableitet
6 Einheit der Ladung
8 negativer Ladungsträger
11 Verschiebung von Elektronen in Leitern beim Annähern eines geladenen Körpers
14 Atom, das Elektronen aufgenommen oder abgegeben hat

Elektrischer Strom

S. 128–147 SB

Leitungsvorgänge

1. Ergänze die folgende Übersicht über elektrische Leitungsvorgänge. Verwende dafür die unter der Tabelle stehenden Wörter bzw. Wortgruppen.

Leitungsvor-gang in ...	Bewegliche Ladungsträger	Herkunft der Ladungsträger	Anwendungen
Metallen	?	?	?
Flüssigkeiten	?	?	?
Gasen	?	?	?

- Blitz
- Galvanisieren
- Elektronen
- Kabel
- Leuchtstofflampe

- Ionen und Elektronen
- Lösen von Salzen in Wasser
- in der Metallbindung vorhanden
- positive und negative Ionen
- Ionisation durch Energiezufuhr

2. Veranschauliche den elektrischen Strom in einem Kupferdraht und in Salzwasser anhand einer Skizze. Benenne die freien Ladungsträger und gib ihre Bewegungsrichtung im elektrischen Feld zwischen Plus- und Minuspol an.

Elektrische Stromstärke

3. Vervollständige die folgenden Sätze. Ergänze jeweils eines der Wörter *kleiner* oder *größer*.
   a. Je mehr Elektronen in einer bestimmten Zeit durch einen Leiterquerschnitt fließen, umso ? ist die Stromstärke.
   b. Je größer die Zeit ist, in der eine bestimmte Anzahl von Elektronen durch einen Leiterquerschnitt fließt, umso ? ist die Stromstärke.

4. Rechne jeweils in die angegebene Einheit um:
   a. 250 mA = ? A
   b. 0,050 A = ? mA
   c. 8 mA = ? A
   d. $3{,}5 \cdot 10^{-3}$ A = ? mA
   e. 75 µA = ? mA

5. Ein Akkuladegerät zeigt einen Ladestrom von 200 mA. Ein vollständiger Ladevorgang dauert 12 h. Berechne die Ladung, die der Akku in dieser Zeit aufgenommen hat.

6. Der Akku einer Fahrradbeleuchtung hat eine Ladung von 2100 mAh. Die Stromstärke durch die Lampe beträgt 0,50 A. Berechne die maximale Betriebsdauer der Lampe.

7. Ein Autofahrer stellt seinen Wagen am Freitag um 16:00 Uhr mit eingeschalteter Innenraumbeleuchtung in der Tiefgarage ab. Die Autobatterie hat eine Ladung von 50 Ah und durch die Glühlampe fließt ein Strom von 0,83 A. Begründe, ob er sein Fahrzeug am Montag um 07:00 Uhr noch starten kann.

8. Berechne, wie viele Elektronen bei einer Stromstärke von 0,40 A in 60 s durch eine Glühlampe fließen.

9 Nenne die Schaltungen, bei denen die Stromstärke in der Lampe L_1 korrekt gemessen wird.

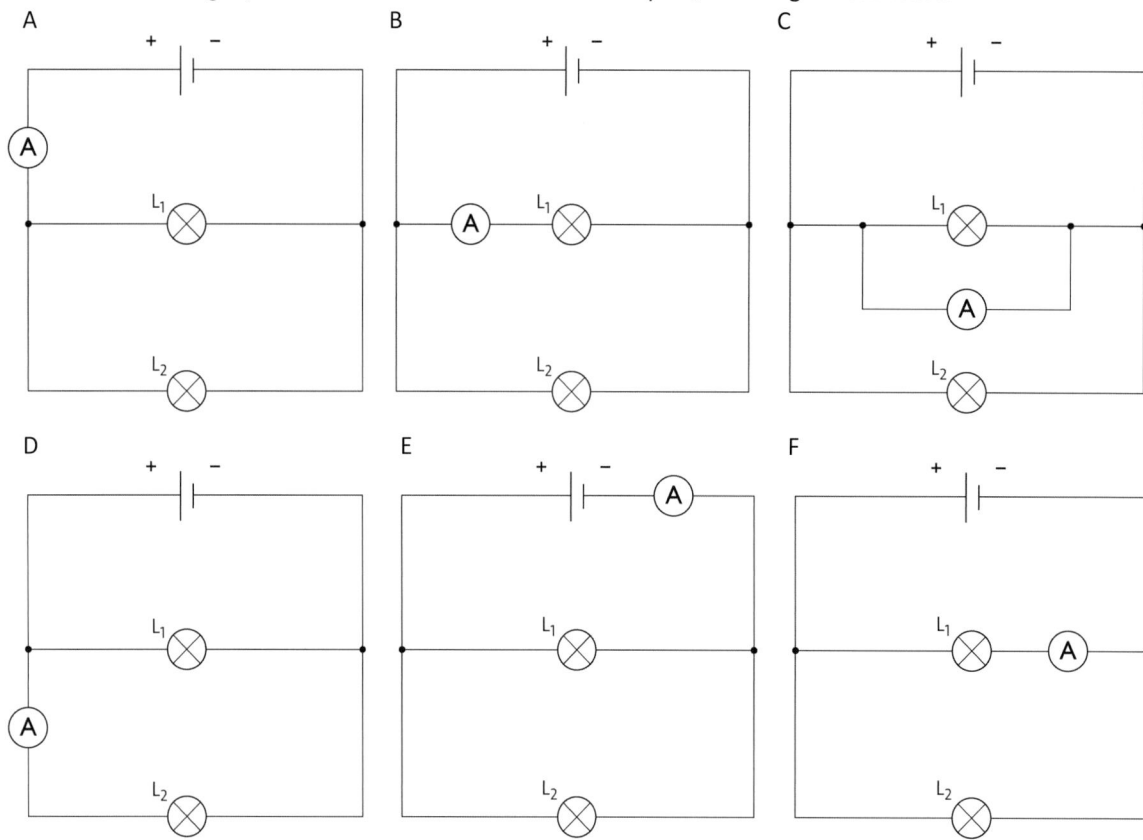

Gefahren des elektrischen Stroms und Schutzvorrichtungen

10 Der menschliche Körper leitet den elektrischen Strom, da er zu zwei Dritteln aus salzhaltigem Wasser besteht.
a Beschreibe die in den Bildern dargestellten Regeln beim Umgang mit elektrischem Strom.

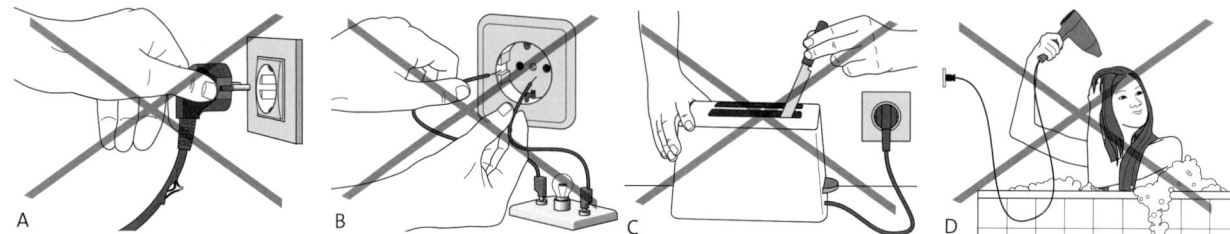

b Gib an, wovon die Wirkung des elektrischen Stroms auf unseren Körper abhängt.
c Nenne Folgen, die der elektrische Strom durch unseren Körper haben kann.

Elektrischer Strom — Elektrizitätslehre — S. 128–147 SB

11 Bei einem Elektrogerät ist die Isolierung des Außenleiters beschädigt, sodass dieser das Gehäuse berührt (Körperschluss). In den beiden Bildern ist die Schaltung ohne Schutzleiter (Bild A) und mit Schutzleiter (Bild B) dargestellt.

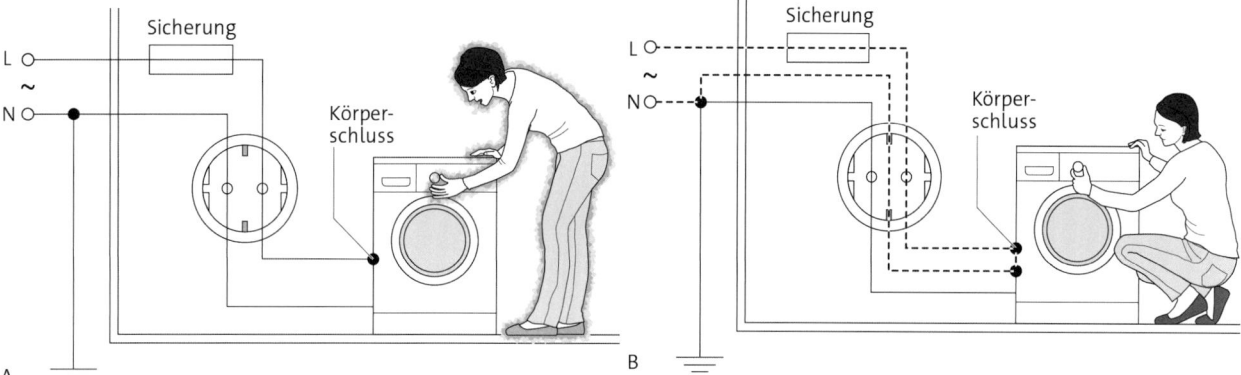

Beschreibe, was bei Berührung beziehungsweise bei Anschluss des defekten Geräts jeweils passieren würde. Zeichne jeweils den elektrischen Strom ein.

12 In der Nähe von Oberleitungen der Bahn (zum Beispiel auf abgestellten Waggons) kommt es immer wieder zu tödlichen Stromschlägen. Erkläre, warum schon ein Aufenthalt in der Nähe der Oberleitungen mit tödlichen Gefahren verbunden ist.

13 In der nebenstehenden Abbildung ist die Schaltung unseres Stromnetzes (ohne Sicherung und Schutzleiter) mit drei Lampen dargestellt.

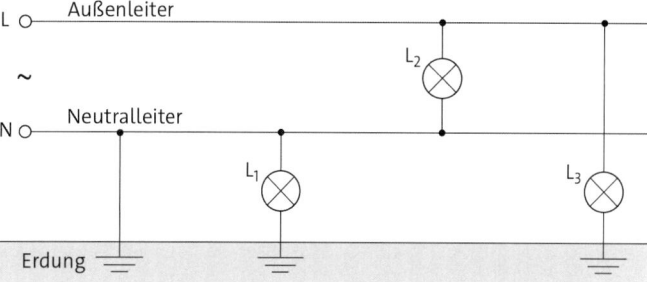

a Welche Lampe ist korrekt angeschlossen? Gib für die anderen Lampen jeweils an, ob sie leuchten, und begründe deine Aussage.
b Bei welcher Lampenschaltung würde ein eingebauter FI-Schutzschalter den Stromkreis unterbrechen? Begründe.

14 Durch eine Unachtsamkeit hat der heiße Bohrer einer Bohrmaschine das Kabel berührt, sodass dessen Isolierung an dieser Stelle durchgeschmolzen ist.
a Beschreibe, was bei Berührung des Kabels an der beschädigten Stelle passieren könnte, wenn der Stromkreis nicht abgesichert wäre.
b Welches Schutzsystem kommt in diesem Fall zum Einsatz? Begründe.

Elektrischer Strom (mit Lösungen)

S. 128–147 SB

Leitungsvorgänge

1 Ergänze die folgende Übersicht über elektrische Leitungsvorgänge. Verwende dafür die unter der Tabelle stehenden Wörter bzw. Wortgruppen.

Leitungsvorgang in …	Bewegliche Ladungsträger	Herkunft der Ladungsträger	Anwendungen
Metallen	Elektronen	in der Metallbindung vorhanden	Kabel
Flüssigkeiten	positive und negative Ionen	Lösen von Salzen in Wasser	Galvanisieren
Gasen	Ionen und Elektronen	Ionisation durch Energiezufuhr	Blitz Leuchtstofflampe

2 Veranschauliche den elektrischen Strom in einem Kupferdraht und in Salzwasser anhand einer Skizze. Benenne die freien Ladungsträger und gib ihre Bewegungsrichtung im elektrischen Feld zwischen Plus- und Minuspol an.

Kupferdraht:

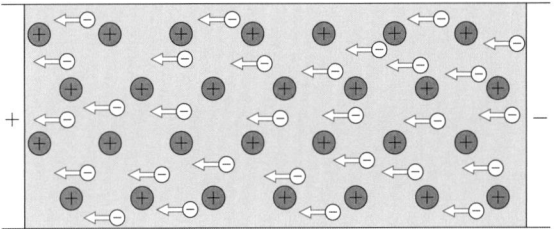

Ladungsträger:

⊖ frei bewegliche Elektronen

Salzwasser:

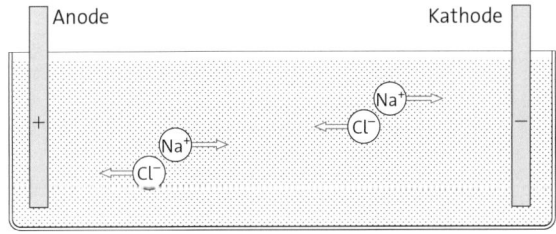

Ladungsträger:

Na^+ positive Natrium-Ionen

Cl^- negative Chlorid-Ionen

Elektrische Stromstärke

3 Vervollständige die folgenden Sätze. Ergänze jeweils eines der Wörter *kleiner* oder *größer*.
a Je mehr Elektronen in einer bestimmten Zeit durch einen Leiterquerschnitt fließen, umso **größer** ist die Stromstärke.
b Je größer die Zeit ist, in der eine bestimmte Anzahl von Elektronen durch einen Leiterquerschnitt fließt, umso **kleiner** ist die Stromstärke.

4 Rechne jeweils in die angegebene Einheit um:
a 250 mA = 0,250 A
b 0,050 A = 50 mA
c 8 mA = 0,008 A
d $3,5 \cdot 10^{-3}$ A = 3,5 mA
e 75 µA = 0,075 mA

5 Ein Akkuladegerät zeigt einen Ladestrom von 200 mA. Ein vollständiger Ladevorgang dauert 12 h. Berechne die Ladung, die der Akku in dieser Zeit aufgenommen hat.

$I = \frac{Q}{t}$

$Q = I \cdot t$; Q = 200 mA · 12 h = 2400 mAh = $2,4 \cdot 10^3$ mAh (gerundet)

6 Der Akku einer Fahrradbeleuchtung hat eine Ladung von 2100 mAh. Die Stromstärke durch die Lampe beträgt 0,50 A. Berechne die maximale Betriebsdauer der Lampe.

$Q = I \cdot t \; ; \; t = \dfrac{Q}{I}$

$t = \dfrac{2,1 \text{ Ah}}{0,50 \text{ A}} = 4,2 \text{ h}$

7 Ein Autofahrer stellt seinen Wagen am Freitag um 16:00 Uhr mit eingeschalteter Innenraumbeleuchtung in der Tiefgarage ab. Die Autobatterie hat eine Ladung von 50 Ah und durch die Glühlampe fließt ein Strom von 0,83 A. Begründe, ob er sein Fahrzeug am Montag um 07:00 Uhr noch starten kann.

$Q = I \cdot t \; ; \; t = \dfrac{Q}{I}$

$t = \dfrac{50 \text{ Ah}}{0,83 \text{ A}} = 60 \text{ h}$

Zeit von Freitag 16:00 Uhr bis Montag 07:00 Uhr: 63 h
Die Batterie ist am Montag leer, sodass das Auto nicht mehr gestartet werden kann.

8 Berechne, wie viele Elektronen bei einer Stromstärke von 0,40 A in 60 s durch eine Glühlampe fließen.

$Q = I \cdot t$

$Q = 0,40 \text{ A} \cdot 60 \text{ s} = 24 \text{ As}$

$Q = n \cdot e$

$n = \dfrac{Q}{e}$

$n = \dfrac{24 \text{ C}}{1,6 \cdot 10^{-19} \text{ C}} = 1,5 \cdot 10^{20}$

In einer Minute fließen $1,5 \cdot 10^{20}$ Elektronen durch die Glühlampe.

9 Nenne die Schaltungen, bei denen die Stromstärke in der Lampe L_1 korrekt gemessen wird.

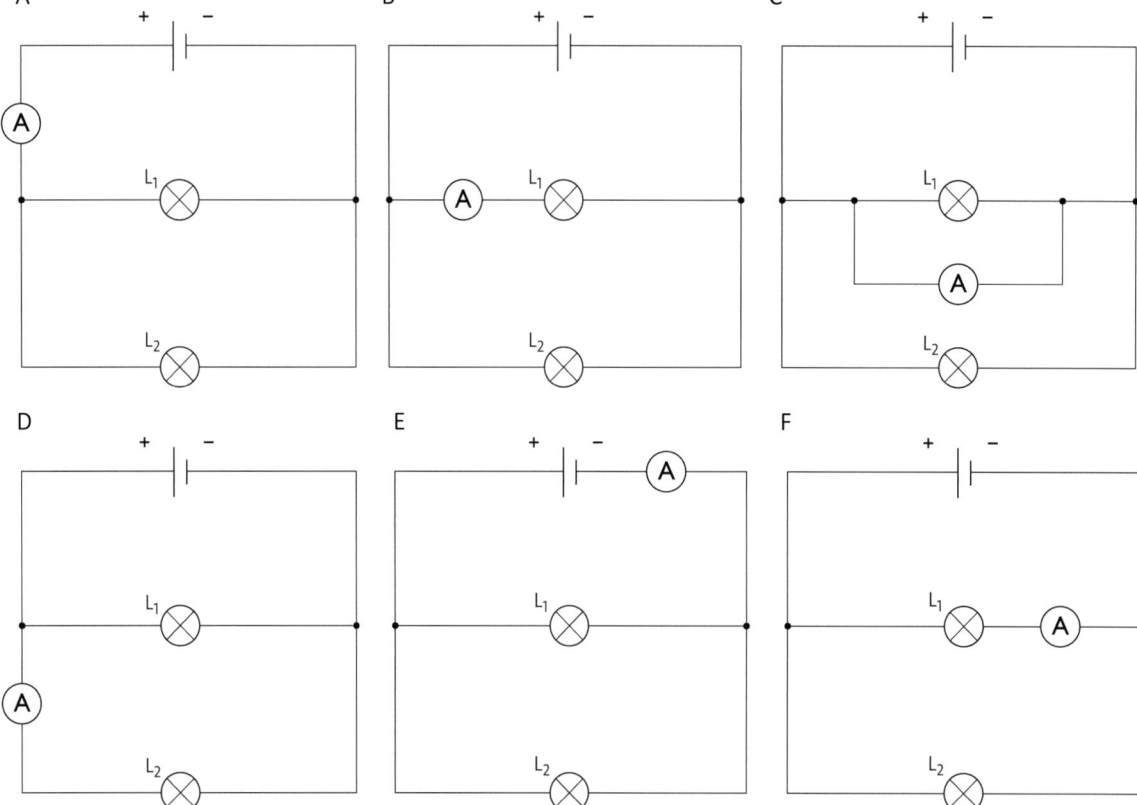

Bei den Schaltungen B und F wird die Stromstärke in der Lampe L_1 korrekt gemessen.

Elektrischer Strom — Elektrizitätslehre

Gefahren des elektrischen Stroms und Schutzvorrichtungen

10 Der menschliche Körper leitet den elektrischen Strom, da er zu zwei Dritteln aus salzhaltigem Wasser besteht.

a Beschreibe die in den Bildern dargestellten Regeln beim Umgang mit elektrischem Strom.

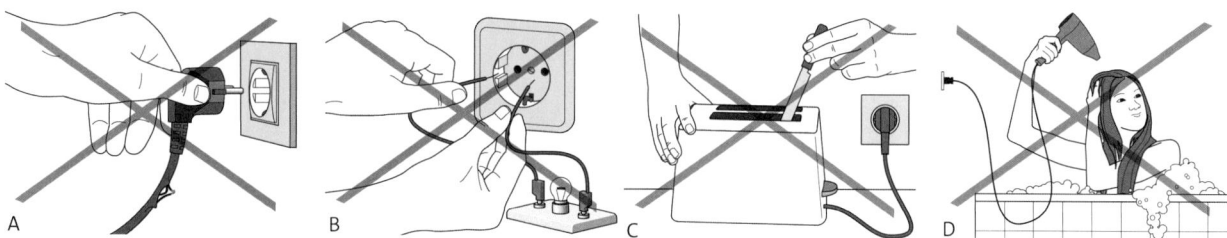

A: Verwende keine elektrischen Geräte mit defekten Kabeln.
B: Stecke keine Drähte in die Steckdose.
C: Repariere keine Elektrogeräte, die an die Steckdose angeschlossen sind.
D: Verwende in der Badewanne keine Elektrogeräte.

b Gib an, wovon die Wirkung des elektrischen Stroms auf unseren Körper abhängt.
Wirkung ist abhängig von:
- dem Weg des Stroms im Körper
- der Stromstärke (Lebensgefahr besteht ab 25 mA)
- der Wirkungsdauer

c Nenne Folgen, die der elektrische Strom durch unseren Körper haben kann.
- Verkrampfungen der Muskeln
- Herzrhythmusstörungen, Herzkammerflimmern
- bei großen Stromstärken Verbrennungen möglich

11 Bei einem Elektrogerät ist die Isolierung des Außenleiters beschädigt, sodass dieser das Gehäuse berührt (Körperschluss). In den beiden Bildern ist die Schaltung ohne Schutzleiter (Bild A) und mit Schutzleiter (Bild B) dargestellt.

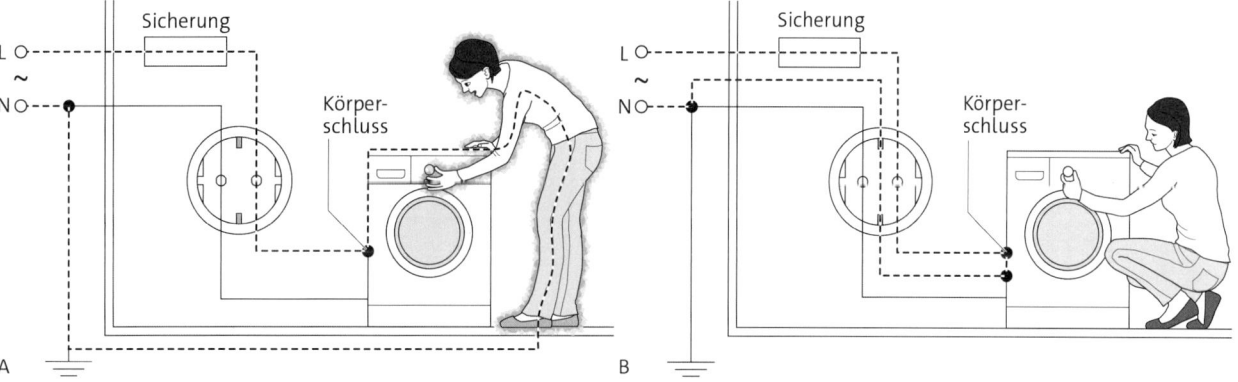

Beschreibe, was bei Berührung beziehungsweise bei Anschluss des defekten Geräts jeweils passieren würde. Zeichne jeweils den elektrischen Strom ein.
Bild A: Bei Berührung des defekten Geräts wird der Stromkreis über die Person und die Erde geschlossen (Erdschluss). Für die Person besteht Lebensgefahr.
Bild B: Beim Anschluss des Geräts unterbricht die Sicherung den Stromkreis, da der Außenleiter über den Schutzleiter direkt mit dem Neutralleiter verbunden ist.

12 In der Nähe von Oberleitungen der Bahn (zum Beispiel auf abgestellten Waggons) kommt es immer wieder zu tödlichen Stromschlägen. Erkläre, warum schon ein Aufenthalt in der Nähe der Oberleitungen mit tödlichen Gefahren verbunden ist.
Zwischen der Oberleitung der Bahn und einer Person auf einem abgestellten Waggon ist das elektrische Feld sehr stark. Es kann zu einer Entladung durch die Luft hindurch kommen. Der dabei fließende Strom kann tödliche Verletzungen oder schwere Verbrennungen verursachen.

Elektrischer Strom — Elektrizitätslehre — S. 128–147 SB

13 In der nebenstehenden Abbildung ist die Schaltung unseres Stromnetzes (ohne Sicherung und Schutzleiter) mit drei Lampen dargestellt.

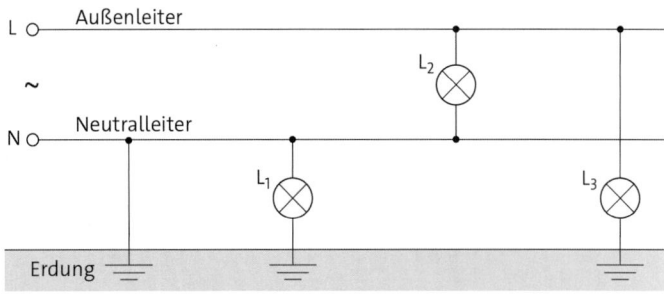

a Welche Lampe ist korrekt angeschlossen? Gib für die anderen Lampen jeweils an, ob sie leuchten, und begründe deine Aussage.
Die Lampe L_2 ist korrekt angeschlossen. Die Lampe L_1 leuchtet nicht, weil keine Verbindung zum Außenleiter besteht. Der Stromkreis ist nicht geschlossen. Die Lampe L_3 leuchtet, weil über die Erde eine Verbindung zwischen dem Außenleiter und dem Neutralleiter besteht (Erdschluss). Der Stromkreis ist geschlossen.

b Bei welcher Lampenschaltung würde ein eingebauter FI-Schutzschalter den Stromkreis unterbrechen? Begründe.
Den Stromkreis mit der Lampe L_3 würde ein FI-Schutzschalter unterbrechen, weil die Stromstärke im Neutralleiter geringer ist als im Außenleiter.

14 Durch eine Unachtsamkeit hat der heiße Bohrer einer Bohrmaschine das Kabel berührt, sodass dessen Isolierung an dieser Stelle durchgeschmolzen ist.

a Beschreibe, was bei Berührung des Kabels an der beschädigten Stelle passieren könnte, wenn der Stromkreis nicht abgesichert wäre.
Bei Berührung des Außenleiters könnte der Strom über unseren Körper und die Erde zum Neutralleiter fließen (Erdschluss). Es würde Lebensgefahr bestehen.

b Welches Schutzsystem kommt in diesem Fall zum Einsatz? Begründe.
Der FI-Schutzschalter unterbricht den Stromkreis, da der Strom im Neutralleiter dann kleiner wäre als im Außenleiter.

Astronomie

S. 152–176 SB

Historische Weltbilder

1 Im Laufe der Zeit haben sich die Vorstellungen über unser Planetensystem verändert.
  In den folgenden Abbildungen sind zwei grundlegende Weltbilder dargestellt.
  a Gib jeweils an, wie man das Weltbild nennt und welcher Astronom es entwickelt hat.

A
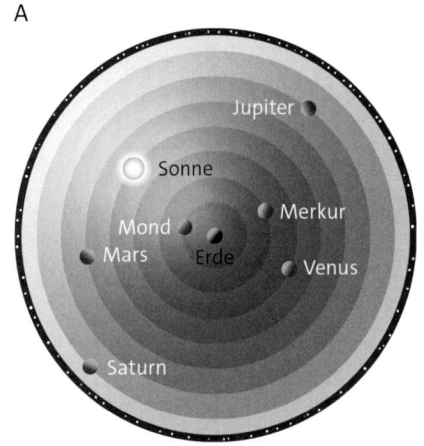

B
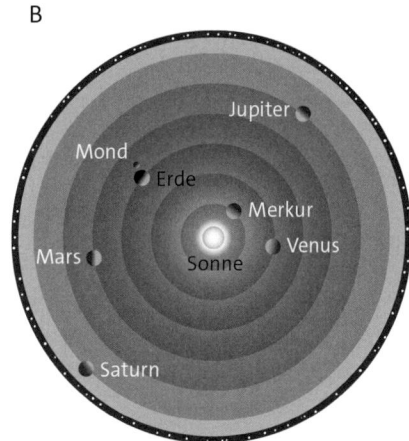

  b Nenne wesentliche Unterschiede zwischen den beiden Weltbildern.

2 Beschreibe das moderne astronomische Weltbild der Gegenwart.

Unser Sonnensystem

3 In der Abbildung sind die Planeten unseres Sonnensystems dargestellt.
  a Gib die Namen der Planeten an.

  b Erkläre, was man unter dem Asteroidengürtel versteht.
  c Beschreibe den Unterschied zwischen Kometen und Asteroiden.

4 Die Planeten unseres Sonnensystems lassen sich in zwei Gruppen mit ähnlichen Eigenschaften einteilen.
  a Nenne die zwei Gruppen und gib die zugehörigen Planeten an.
  b Beschreibe, welche gemeinsame Eigenschaft die Planeten einer Gruppe jeweils haben.

5 Nenne die Unterschiede von Sternen zu Planeten und Monden.

6 Gib die Arten des thermischen Energietransports (Konvektion, Wärmeleitung und Wärmestrahlung) an, die in der Sonne auftreten. Beschreibe auch, wo sie auftreten.

Sterne und Galaxien

7 In der Astronomie wird oft vom „Lichtjahr" gesprochen.
  a Erkläre, was man unter einem Lichtjahr versteht.
  b Berechne, wie viele Kilometer ein Lichtjahr (Lj) sind.
  c Nenne den Namen des unserer Sonne nächstgelegenen Sterns. Gib seine Entfernung von unserer Sonne an.

8 Sterne unterscheiden sich in ihren Eigenschaften.
  a Beschreibe, wovon es abhängt, wie hell uns ein Stern am Himmel erscheint.
  b Erkläre, wie man die Temperatur und die chemische Zusammensetzung (Bestandteile) eines Sterns bestimmen kann.

9 Es gibt unzählige Galaxien im Universum.
  a Erkläre, was man unter einer Galaxie versteht.
  b Nenne die Galaxie, zu der unsere Sonne gehört.
  c Nenne eine weitere bekannte Galaxie. Gib an, wie lange das Licht von ihr bis zur Erde braucht.

10 Die obere Abbildung zeigt das Spektrum von Wasserstoff und die untere Abbildung das (vereinfachte) Sonnenspektrum mit den wichtigsten Absorptionslinien.
  a Beschreibe, wie diese Absorptionslinien entstehen.
  b Formuliere eine Aussage, die du anhand dieser beiden Spektren über die Sonne machen kannst.

rot　　　　　　　　　　　　　　violett

11 Kreuzworträtsel

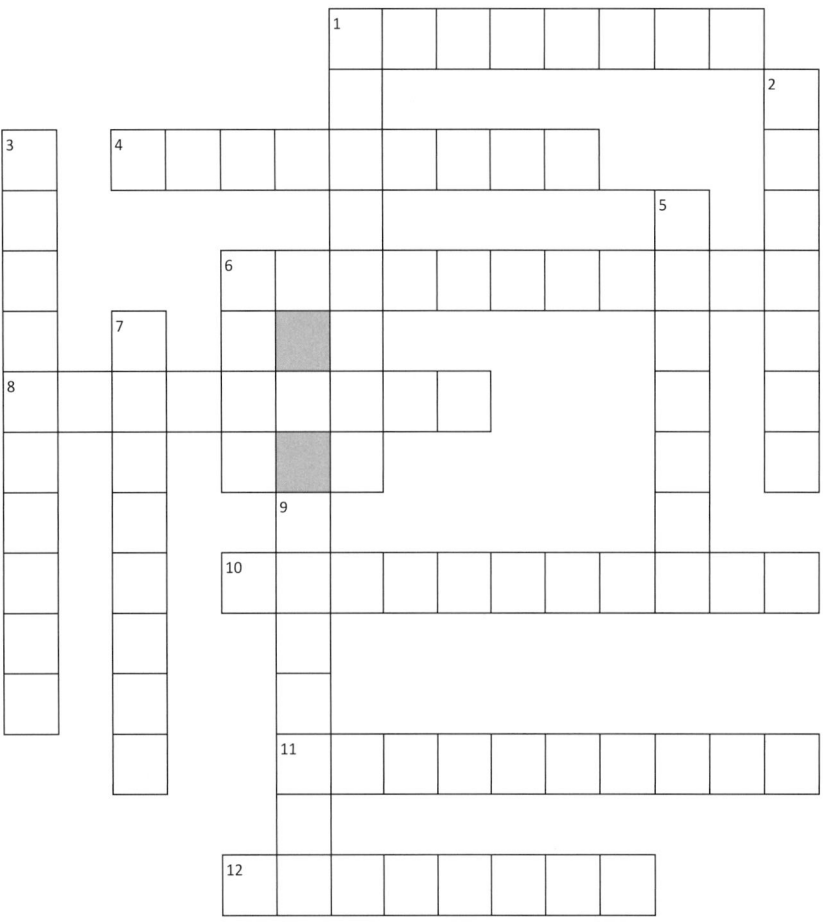

Waagerecht:
  1 Lichtband, das man erhält, wenn man weißes Licht in seine farbigen Bestandteile zerlegt
  4 Entfernung, die das Licht im Weltall in einem Jahr zurücklegt
  6 Name unserer Galaxie
  8 Gruppe von Sternen, die zu einer gedachten Figur (z. B. Orion) zusammengefasst sind
  10 Eigenschaft, die dafür sorgt, dass Himmelskörper sich gegenseitig anziehen
  11 Himmelskörper, die aus festen Materialien bestehen und zwischen Mars und Jupiter die Sonne umkreisen
  12 Himmelskörper, die eine Sonne umrunden und nicht selbst leuchten

Senkrecht:
  1 Raumflugkörper, der die Erde auf einer Umlaufbahn umrundet und keine Astronauten an Bord hat
  2 Sie umrunden die Sonne in lang gestreckten ovalen Bahnen und bestehen aus Eis und Staub.
  3 Fahrzeug, mit dem Astronauten ins Weltall fliegen
  5 Italienischer Gelehrter, der von der Richtigkeit des heliozentrischen Weltbilds überzeugt war
  6 Meist kleinerer Himmelskörper, der um einen Planeten kreist
  7 Stein kosmischen Ursprungs, der die Erdatmosphäre durchquert und den Erdboden erreicht
  9 „Explosion", mit der das Weltall entstanden sein soll

Astronomie (mit Lösungen)

S. 152–176 SB

Historische Weltbilder

1 Im Laufe der Zeit haben sich die Vorstellungen über unser Planetensystem verändert.
In den folgenden Abbildungen sind zwei grundlegende Weltbilder dargestellt.

a Gib jeweils an, wie man das Weltbild nennt und welcher Astronom es entwickelt hat.

A 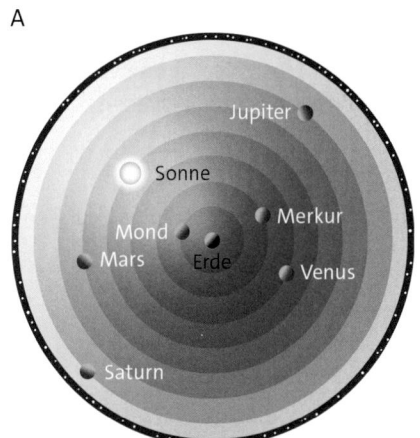   B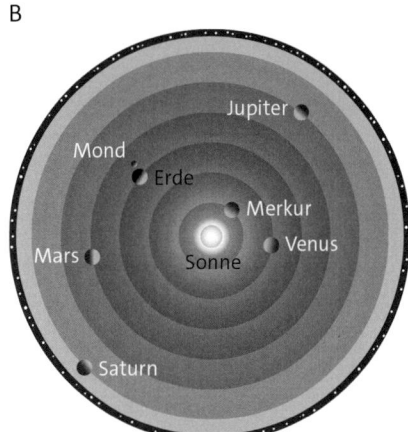

Geozentrisches Weltbild von Ptolemäus   Heliozentrisches Weltbild von Kopernikus

b Nenne wesentliche Unterschiede zwischen den beiden Weltbildern.
Beim geozentrischen Weltbild befindet sich die Erde im Zentrum. Sonne, Mond und Planeten sitzen auf durchsichtigen Kugelschalen, die sich um die Erde herum drehen. Die Sphäre der Fixsterne bildet die Grenze des Weltalls.
Beim heliozentrischen Weltbild ruht die Sonne im Zentrum. Sie wird von den Planeten umkreist. Die Erde wird vom Mond umkreist. Das Sonnensystem ist von unbeweglichen Fixsternen umgeben.

2 Beschreibe das moderne astronomische Weltbild der Gegenwart.
Das Weltall ist vor etwa 14 Milliarden Jahren aus einem „Urknall" entstanden. Später bildeten sich Sterne und Galaxien. Sie bewegen sich auseinander, weil sich das Weltall ausdehnt. Heute gibt es viele Hundert Milliarden Galaxien mit jeweils Milliarden Sternen, von denen viele eigene Planeten haben. Unsere Sonne ist eine von 200 Milliarden Sternen der Milchstraße.

Unser Sonnensystem

3 In der Abbildung sind die Planeten unseres Sonnensystems dargestellt.

a Gib die Namen der Planeten an.
1 – Merkur, 2 – Venus, 3 – Erde, 4 – Mars, 5 – Jupiter, 6 – Saturn, 7 – Uranus, 8 – Neptun

b Erkläre, was man unter dem Asteroidengürtel versteht.
Der Asteroidengürtel ist ein Bereich zwischen Mars und Jupiter, in dem sich viele kleine Himmelskörper mit einem Durchmesser zwischen 20 km und 100 km (Asteroiden) befinden. Sie bestehen aus Gestein und Eis.

c Beschreibe den Unterschied zwischen Kometen und Asteroiden.
Die meisten Asteroiden befinden sich im Asteroidengürtel. Sie bestehen fast ausschließlich aus festen Materialien. Im Gegensatz dazu umrunden die Kometen die Sonne in lang gestreckten, ovalen Bahnen. Sie bestehen aus Staub und Eis, das in Sonnennähe an ihrer Oberfläche schmilzt.

| Wahlthema | Astronomie | S. 152–176 SB |

4 Die Planeten unseres Sonnensystems lassen sich in zwei Gruppen mit ähnlichen Eigenschaften einteilen.
a Nenne die zwei Gruppen und gib die zugehörigen Planeten an.
 innere Planeten: Merkur, Venus, Erde, Mars
 äußere Planeten: Jupiter, Saturn, Uranus, Neptun
b Beschreibe, welche gemeinsame Eigenschaft die Planeten einer Gruppe jeweils haben.
 Die inneren Planeten sind Gesteinsplaneten. Sie haben eine feste Oberfläche.
 Die äußeren Planeten bestehen aus Gas und sind zum Teil viel größer als die erdartigen Planeten.

5 Nenne die Unterschiede von Sternen zu Planeten und Monden.
 Sterne sind selbstleuchtende Himmelskörper. Planeten und Monde leuchten nicht selbst, sie werden von ihrem Stern (Sonne) beleuchtet. Ein Planet rotiert um seinen Stern (Sonne) und ein Mond um seinen Planeten.

6 Gib die Arten des thermischen Energietransports (Konvektion, Wärmeleitung und Wärmestrahlung) an, die in der Sonne auftreten. Beschreibe auch, wo sie auftreten.
 Wärmestrahlung: Die im Kern der Sonne freigesetzte Energie wird in der Strahlungszone vom Kern nach außen transportiert.
 Konvektion: In der Konvektionszone wird Energie durch Konvektion von der Strahlungszone zur Photosphäre transportiert.

Sterne und Galaxien

7 In der Astronomie wird oft vom „Lichtjahr" gesprochen.
a Erkläre, was man unter einem Lichtjahr versteht.
 Ein Lichtjahr ist die Entfernung, die das Licht im Weltall in einem Jahr zurücklegt.
b Berechne, wie viele Kilometer ein Lichtjahr (Lj) sind.

$v = \frac{s}{t}$

$s = v \cdot t; \ s = 300 \cdot 10^3 \ \frac{km}{s} \cdot 365 \cdot 24{,}0 \cdot 3600 \ s = 9{,}46 \cdot 10^{12} \ km$

c Nenne den Namen des unserer Sonne nächstgelegenen Sterns. Gib seine Entfernung von unserer Sonne an.
 Alpha Centauri (Proxima Centauri)
 Er ist 4,25 Lj von der Erde entfernt.

8 Sterne unterscheiden sich in ihren Eigenschaften.
a Beschreibe, wovon es abhängt, wie hell uns ein Stern am Himmel erscheint.
 Die „scheinbare Helligkeit" eines Sterns ist von seiner Entfernung und seiner Leuchtkraft abhängig. Je heißer und größer ein Stern ist, desto heller leuchtet er.
b Erkläre, wie man die Temperatur und die chemische Zusammensetzung (Bestandteile) eines Sterns bestimmen kann.
 Ähnlich wie bei glühendem Stahl, der je nach Temperatur in verschiedenen Farben leuchtet, kann man auch bei Sternen aus deren Farbe Rückschlüsse auf ihre Temperatur ziehen.
 Wenn man ihr Licht in seine farbigen Bestandteile zerlegt, erhält man verschiedene Spektren. Daraus kann man dann auf die Temperatur ihrer Photosphäre schließen. Anhand der Fraunhoferlinien im Spektrum kann man die chemische Zusammensetzung des Sterns bestimmen.

9 Es gibt unzählige Galaxien im Universum.
a Erkläre, was man unter einer Galaxie versteht.
 Eine Galaxie ist eine große Ansammlung von Sternen, die durch Gravitationskräfte zusammengehalten wird.
b Nenne die Galaxie, zu der unsere Sonne gehört.
 Unsere Sonne gehört zur Milchstraße.
c Nenne eine weitere bekannte Galaxie. Gib an, wie lange das Licht von ihr bis zur Erde braucht.
 Die Andromeda-Galaxie ist etwa 3 Millionen Lichtjahre von uns entfernt. Das Licht von ihr braucht also 3 Millionen Jahre, bis es zur Erde gelangt.

Wahlthema — Astronomie — S. 152–176 SB

10 Die obere Abbildung zeigt das Spektrum von Wasserstoff und die untere Abbildung das (vereinfachte) Sonnenspektrum mit den wichtigsten Absorptionslinien.

rot — violett

a Beschreibe, wie diese Absorptionslinien entstehen.
Die fehlenden Lichtanteile sind von Gasen in der Sonnenoberfläche absorbiert worden. Ein Gas absorbiert aus dem weißen Licht genau das farbige Licht, das es selbst aussendet.

b Formuliere eine Aussage, die du anhand dieser beiden Spektren über die Sonne machen kannst.
Wasserstoff ist ein auf der Sonne vorkommendes Gas.

11 Kreuzworträtsel

Lösungen:
1 waagerecht: SPEKTRUM
4 waagerecht: LICHTJAHR
6 waagerecht: MILCHSTRASSE
8 waagerecht: STERNBILD
10 waagerecht: GRAVITATION
11 waagerecht: ASTEROIDEN
12 waagerecht: PLANETEN

1 senkrecht: SATELLIT
2 senkrecht: KOMETEN
3 senkrecht: RAUMSCHIFF
5 senkrecht: GALILEI
6 senkrecht: MOND
7 senkrecht: METEORIT
9 senkrecht: URKNALL

Waagerecht:
1 Lichtband, das man erhält, wenn man weißes Licht in seine farbigen Bestandteile zerlegt
4 Entfernung, die das Licht im Weltall in einem Jahr zurücklegt
6 Name unserer Galaxie
8 Gruppe von Sternen, die zu einer gedachten Figur (z. B. Orion) zusammengefasst sind
10 Eigenschaft, die dafür sorgt, dass Himmelskörper sich gegenseitig anziehen
11 Himmelskörper, die aus festen Materialien bestehen und zwischen Mars und Jupiter die Sonne umkreisen
12 Himmelskörper, die eine Sonne umrunden und nicht selbst leuchten

Senkrecht:
1 Raumflugkörper, der die Erde auf einer Umlaufbahn umrundet und keine Astronauten an Bord hat
2 Sie umrunden die Sonne in lang gestreckten ovalen Bahnen und bestehen aus Eis und Staub.
3 Fahrzeug, mit dem Astronauten ins Weltall fliegen
5 Italienischer Gelehrter, der von der Richtigkeit des heliozentrischen Weltbildes überzeugt war
6 Meist kleinerer Himmelskörper, der um einen Planeten kreist
7 Stein kosmischen Ursprungs, der die Erdatmosphäre durchquert und den Erdboden erreicht
9 „Explosion", mit der das Weltall entstanden sein soll

Akustik

S. 178–198 SB

Schallentstehung

1 Eine gespannte Saite erzeugt einen Ton, wenn sie schnell schwingt.
 a Gib für Bild A an, wodurch sich die beiden Töne unterscheiden.
 b Formuliere für Bild B einen Zusammenhang: „Je ?, desto ? ist der Ton."

A

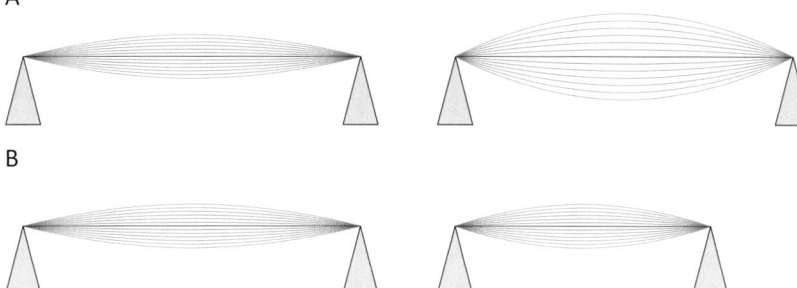

B

2 Stimmgabeln werden gekennzeichnet.
 a Beschreibe die Bedeutung der Angabe „320 Hz" auf einer Stimmgabel.
 b Auf einer anderen Stimmgabel steht „480 Hz". Vergleiche die Tonhöhe.
 c Begründe, welche der beiden Stimmgabeln die längere ist.

3 Ein Schallerreger führt in 2,5 s 2000 Schwingungen aus. Berechne die Frequenz der Schwingung.

4 Beschreibe, wie man die Schwingung einer Stimmgabel sichtbar machen kann.

5 Ein Pfeifton wurde mit einer Oszilloskop-App aufgenommen. Dabei wurde das nebenstehende Diagramm aufgezeichnet.
 a Bestimme die Frequenz des Pfeiftons.
 b Gib die Schwingungsdauer (Zeitspanne für eine Schwingung) möglichst genau an.

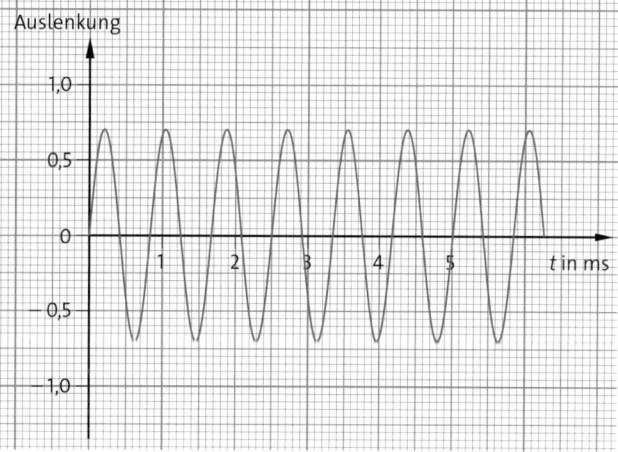

6 In den folgenden Diagrammen sind die Schwingungsbilder verschiedener Töne dargestellt. Vergleiche die Schwingungsbilder B und C jeweils mit dem Schwingungsbild A hinsichtlich Lautstärke und Tonhöhe. Begründe jeweils.

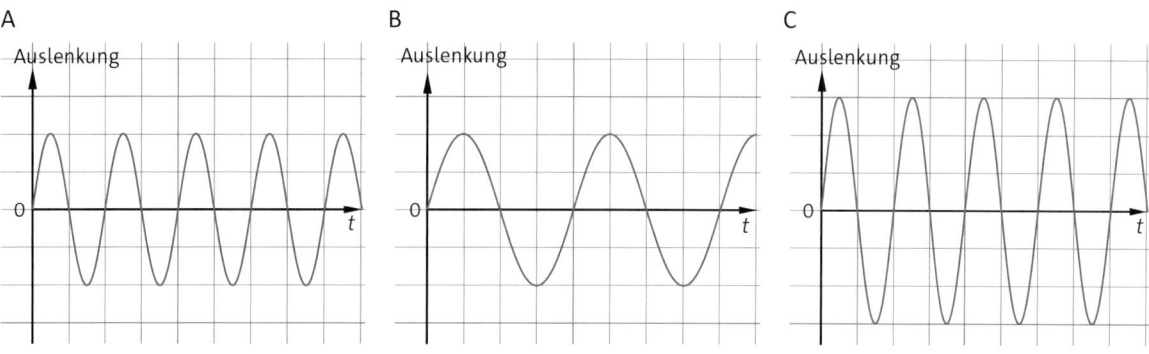

7 Ordne den folgenden Schwingungsbildern jeweils eine der Schallarten *Ton*, *Klang*, *Knall* und *Geräusch* zu.

A
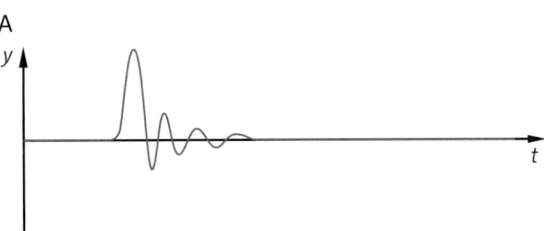

B
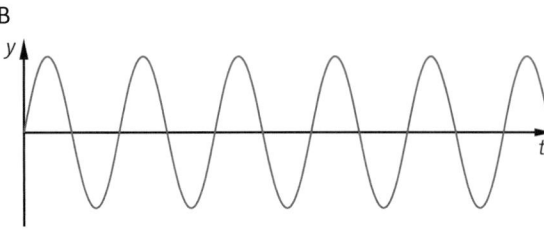

C
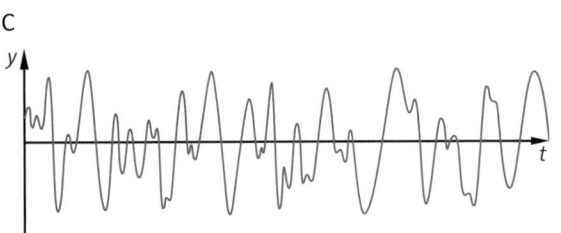

D
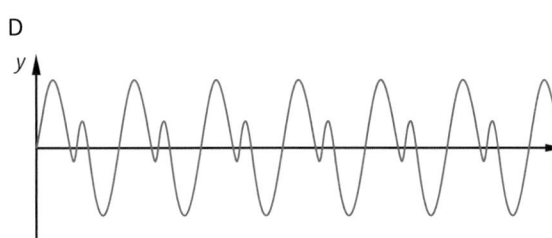

Schallausbreitung und Schallempfang

8 Beschreibe, wie Töne von der Membran eines Lautsprechers ins Ohr gelangen.

9 Berechne, wie weit ein Gewitter entfernt ist, wenn die Zeit zwischen Blitz und Donner 7,5 s beträgt. Rechne mit $v_{Schall} = 343 \frac{m}{s}$.

10 Mit dem Echolot-Verfahren kann man von einem Schiff aus die Wassertiefe bestimmen. Berechne, wie tief das Wasser unter einem Schiff ist, wenn das Echo 0,25 s nach Aussendung des Schalls empfangen wird. Rechne für Wasser mit $v_{Schall} = 1484 \frac{m}{s}$.

11 Sprints werden im Sportunterricht häufig mit einer Startklappe gestartet. Der Läufer hört den Knall und der Zeitnehmer sieht das Schließen der Klappe.
  a Erkläre, warum der Zeitnehmer im Ziel den Knall erst etwas später hört als der Läufer am Start.
  b Würde der Zeitnehmer die Stoppuhr erst beim Hören des Knalls einschalten, hätte der Läufer einen Vorteil. Berechne den Zeitunterschied für einen 75-m-Lauf.

12 Erkläre, warum sich der Schall im Vakuum nicht ausbreiten kann.

Lärm

13 Lärm kann als störend empfunden werden.
  a Nenne Schallquellen, die zu einer Lärmbelästigung führen können.
  b Nenne durch Lärmbelästigung verursachte gesundheitliche Schäden.
  c Erläutere, wie du dich vor Lärm schützen kannst.

14 Franzi hat am Morgen nach einen Konzertbesuch noch Ohrensausen. Erkläre, was passiert ist. Nenne Maßnahmen, die sie ergreifen sollte, wenn die Geräusche nicht wieder abklingen.

15 Nenne bauliche Maßnahmen zum Lärmschutz. Welche Materialien werden zur Schalldämpfung verwendet? Begründe.

Akustik (mit Lösungen)

S. 178–198 SB

Schallentstehung

1 Eine gespannte Saite erzeugt einen Ton, wenn sie schnell schwingt.

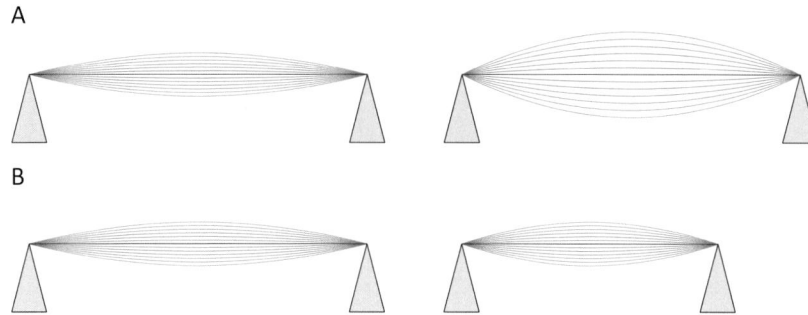

a Gib für Bild A an, wodurch sich die beiden Töne unterscheiden.
Die beiden Töne unterscheiden sich in ihrer Lautstärke. Je größer die maximale Auslenkung (Amplitude) der Saite ist, desto lauter ist der Ton.

b Formuliere für Bild B einen Zusammenhang: „Je ?, desto ? ist der Ton."
Die beiden Töne unterscheiden sich in der Tonhöhe. Je *länger die Saite ist*, desto *tiefer* ist der Ton.

2 Stimmgabeln werden gekennzeichnet.

a Beschreibe die Bedeutung der Angabe „320 Hz" auf einer Stimmgabel.
Die Stimmgabel erzeugt einen Ton mit einer Frequenz von 320 Hz. Die Zinken der Stimmgabel schwingen 320-mal pro Sekunde.

b Auf einer anderen Stimmgabel steht „480 Hz". Vergleiche die Tonhöhe.
Die Stimmgabel mit der größeren Frequenz (480 Hz) erzeugt einen höheren Ton.

c Begründe, welche der beiden Stimmgabeln die längere ist.
Je kürzer die Stimmgabel ist, desto schneller schwingt sie. Die Stimmgabel mit der höheren Frequenz (480 Hz) muss also kürzer sein als die andere Stimmgabel (320 Hz).

3 Ein Schallerreger führt in 2,5 s 2000 Schwingungen aus. Berechne die Frequenz der Schwingung.

$$f = \frac{n}{t}$$

$$f = \frac{2000}{2{,}5\,\text{s}} = 80 \cdot 10\,\frac{1}{\text{s}} = 0{,}80\,\text{kHz}$$

4 Beschreibe, wie man die Schwingung einer Stimmgabel sichtbar machen kann.
Eine Stimmgabel mit Schreibspitze wird angeschlagen und anschließend über eine berußte Glasplatte gezogen. Die Schwingung wird auf der Glasplatte als Wellenlinie sichtbar.

5 Ein Pfeifton wurde mit einer Oszilloskop-App aufgenommen. Dabei wurde das nebenstehende Diagramm aufgezeichnet.

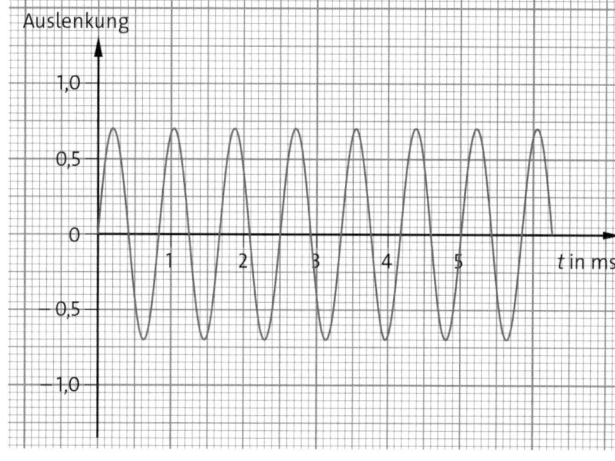

a Bestimme die Frequenz des Pfeiftons.
Aus dem Diagramm: In 5,0 ms erfolgen 6,0 Schwingungen.

$$f = \frac{n}{t}$$

$$f = \frac{6{,}0}{5{,}0 \cdot 10^{-3}\,\text{s}} = \frac{6{,}0 \cdot 10^3}{5{,}0} = 12 \cdot 10^3\,\frac{1}{\text{s}} = 12\,\text{kHz}$$

b Gib die Schwingungsdauer (Zeitspanne für eine Schwingung) möglichst genau an.

Schwingungsdauer: $\frac{5{,}0\,\text{ms}}{6{,}0} = 0{,}83\,\text{ms}$

Die Zeitspanne für eine Schwingung (Schwingungsdauer) beträgt 0,83 ms.

6 In den folgenden Diagrammen sind die Schwingungsbilder verschiedener Töne dargestellt. Vergleiche die Schwingungsbilder B und C jeweils mit dem Schwingungsbild A hinsichtlich Lautstärke und Tonhöhe. Begründe jeweils.

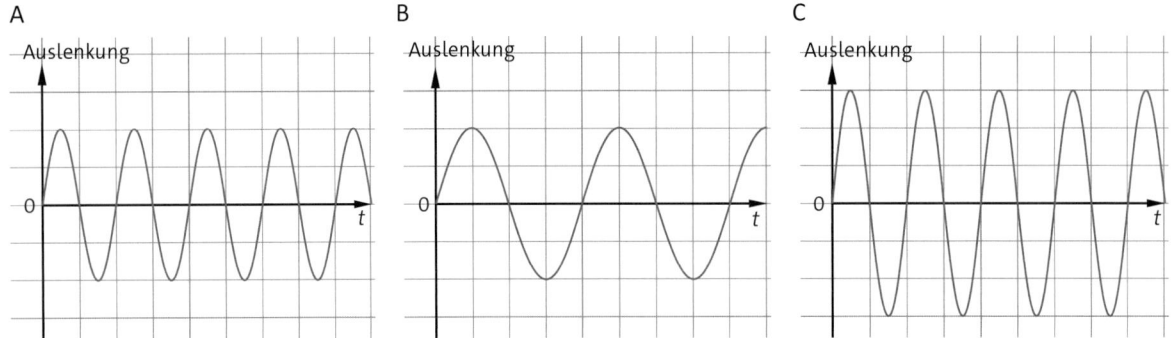

Vergleich von Bild B mit Bild A:
Die Töne A und B haben die gleiche Lautstärke, da die beiden Schwingungen die gleiche Amplitude haben.
Ton A ist höher als Ton B, da er eine größere Frequenz hat.
Vergleich von Bild C mit Bild A:
Ton C ist lauter als Ton A, da seine Schwingungsamplitude größer ist.
Die Töne A und C haben die gleiche Tonhöhe, da die beiden Schwingungen die gleiche Frequenz haben.

7 Ordne den folgenden Schwingungsbildern jeweils eine der Schallarten *Ton*, *Klang*, *Knall* und *Geräusch* zu.

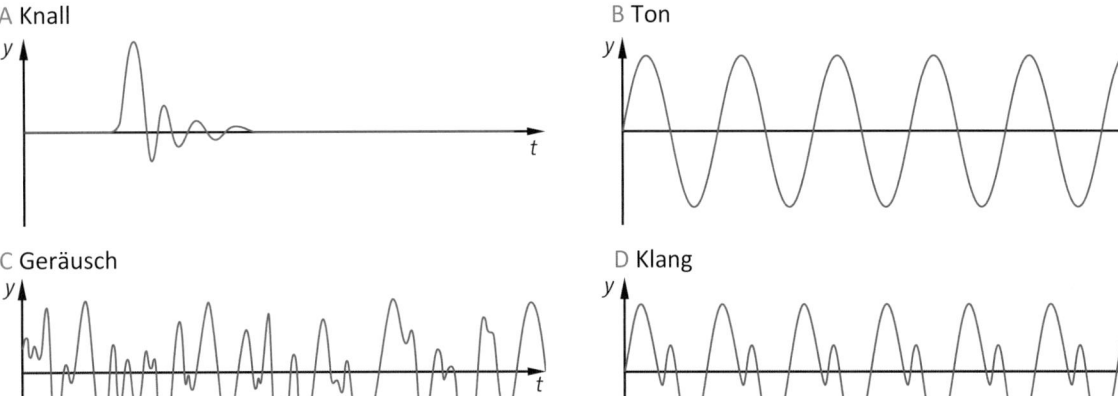

Schallausbreitung und Schallempfang

8 Beschreibe, wie Töne von der Membran eines Lautsprechers ins Ohr gelangen.
Die Schwingungen der Membran werden auf die umgebende Luft übertragen. Vor der Membran entsteht eine Folge von Luftverdichtungen und Luftverdünnungen. Diese werden von einer Luftschicht auf die nächste übertragen, bis sie das Trommelfell erreichen.

9 Berechne, wie weit ein Gewitter entfernt ist, wenn die Zeit zwischen Blitz und Donner 7,5 s beträgt. Rechne mit $v_{Schall} = 343 \frac{m}{s}$.

$v = \frac{s}{t}$

$s = v \cdot t; \; s = 343 \frac{m}{s} \cdot 7,5 \text{ s} = 2,6 \cdot 10^3 \text{ m} = 2,6 \text{ km}$

Das Gewitter ist 2,6 km entfernt.

Wahlthema   **Akustik**   S. 178–198 SB

10 Mit dem Echolot-Verfahren kann man von einem Schiff aus die Wassertiefe bestimmen. Berechne, wie tief das Wasser unter einem Schiff ist, wenn das Echo 0,25 s nach Aussendung des Schalls empfangen wird. Rechne für Wasser mit $v_{Schall} = 1484 \frac{m}{s}$.

$v = \frac{s}{t}$

$s = v \cdot t; s = 1484 \frac{m}{s} \cdot 0{,}25\,s = 3{,}7 \cdot 10^2\,m$

Vom Schiff zum Meeresboden und wieder zurück zum Schiff legt der Schall 0,37 km zurück. Das Wasser ist an dieser Stelle also 0,19 km tief.

11 Sprints werden im Sportunterricht häufig mit einer Startklappe gestartet. Der Läufer hört den Knall und der Zeitnehmer sieht das Schließen der Klappe.

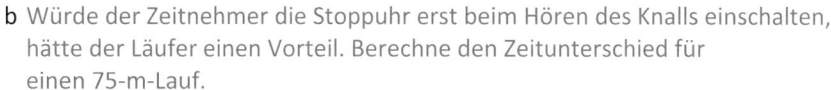

a Erkläre, warum der Zeitnehmer im Ziel den Knall erst etwas später hört als der Läufer am Start.

Das Schließen der Klappe sieht der Zeitnehmer sofort, weil die Lichtgeschwindigkeit sehr groß ist ($300 \cdot 10^6 \frac{m}{s}$). Die Schallgeschwindigkeit beträgt dagegen nur $343 \frac{m}{s}$.

b Würde der Zeitnehmer die Stoppuhr erst beim Hören des Knalls einschalten, hätte der Läufer einen Vorteil. Berechne den Zeitunterschied für einen 75-m-Lauf.

$v = \frac{s}{t}$

$t = \frac{s}{v};\; t = \frac{75\,m}{343\,\frac{m}{s}} = 0{,}22\,s$

Bei einem 75-m-Lauf würde der Zeitunterschied 0,22 s betragen.

12 Erkläre, warum sich der Schall im Vakuum nicht ausbreiten kann.

Im Vakuum ist kein Medium (z. B. Luft oder ein anderes Gas) vorhanden, in dem sich Verdichtungen und Verdünnungen der Teilchen ausbreiten könnten. Schallwellen brauchen ein Übertragungsmedium, um sich auszubreiten.

Lärm

13 Lärm kann als störend empfunden werden.

a Nenne Schallquellen, die zu einer Lärmbelästigung führen können.
- Straßen- und Flugverkehr
- Werkzeuge und Maschinen (Bohrmaschine, Rasenmäher, Kreissäge, Presslufthammer …)
- laute Musik aus Lautsprechern und Kopfhörern

b Nenne durch Lärmbelästigung verursachte gesundheitliche Schäden.
- Konzentrationsstörungen
- Herz- und Kreislauferkrankungen
- Hörschäden durch Beschädigung des Trommelfells oder Zerstörung der Hörsinneszellen (abhängig von der Lautstärke und der Dauer der Einwirkung)
- chronische Ohrgeräusche (Tinnitus)
- Schwerhörigkeit

c Erläutere, wie du dich vor Lärm schützen kannst.
- Gehörschutz (z. B. durch Ohrstöpsel oder Gehörschutzkapseln) in Werkstätten und auf Baustellen
- möglichst großen Abstand zu Geräuschquellen halten
- nicht zu laute Musik hören
- Lautstärke bei Kopfhörern auf ein Minimum reduzieren

14 Franzi hat am Morgen nach einen Konzertbesuch noch Ohrensausen. Erkläre, was passiert ist. Nenne Maßnahmen, die sie ergreifen sollte, wenn die Geräusche nicht wieder abklingen.

Durch die laute Musik sind die Haarzellen des Innenohrs gereizt. Normalerweise erholen sich die Haarzellen nach einiger Zeit von der Überlastung und die Ohrgeräusche verschwinden wieder. Wenn die Geräusche nicht innerhalb von 24 Stunden abgeklungen sind, sollte sie einen Facharzt aufsuchen.

15 Nenne bauliche Maßnahmen zum Lärmschutz. Welche Materialien werden zur Schalldämpfung verwendet? Begründe.

Lärmschutzmaßnahmen:
- Lärmschutzwände an verkehrsreichen Straßen
- lärmmindernde Fahrbahnbeläge (Flüsterasphalt)
- Schallschutzfenster und -türen in Gebäuden
- schalldämpfende Decken und Bodenbeläge in Räumen (z. B. in Schule und Büro)

Zur Schalldämpfung eignen sich Materialien mit rauer Oberfläche oder vielen Poren, in denen Luft eingeschlossen ist (z. B. Hartschaumplatten, Schaumstoffen mit Noppenstruktur). Sie absorbieren den Schall besonders gut.